La Vie militaire au Levant

Colonel ANDRÉA

La Vie militaire Au Levant

En colonne pendant un an
dans le Nord Syrien et en Mésopotamie

MARS 1920-MARS 1921

SIÈGE D'AÏN-TAB

CHARLES-LAVAUZELLE & Cie
Éditeurs militaires
PARIS, Boulevard Saint-Germain, 124
LIMOGES, 62, Avenue Baudin | 53, Rue Stanislas, NANCY
1923

AVANT-PROPOS

En février 1920, l'état-major de Beyrouth recevait d'assez mauvaises nouvelles de Cilicie et du nord syrien. La 1re division (général Dufieux) faisait énergiquement face aux énormes difficultés, soulevées contre elle, par les Kémalistes, mais, ayant été obligée, pour relever les troupes britanniques, de disperser ses effectifs sur une étendue considérable : de Mersine (Cilicie) à Ourfa et Tel-Abiad (Mésopotamie), elle ne possédait plus assez d'unités disponibles pour organiser de fortes colonnes pouvant en imposer aux bandes nationalistes et aux populations. (Voir croquis n° 1.)

La propagande kémaliste, savamment menée, se faisait de plus en plus active. On nous accusait de préparer une large mainmise sur le pays, par l'extension de notre occupation, et de poursuivre, au profit des Arméniens, une politique d'oppression turque. Il n'en fallait pas davantage pour éveiller les susceptibilités du monde musulman et mécontenter les autorités ottomanes.

Quelques petits succès partiels obtenus par des bandes, sur nos détachements dispersés et trop faibles, vinrent augmenter le trouble de la situation, au point qu'en janvier 1920, le général Gouraud, haut-commissaire de la République en Syrie-Cilicie, et commandant en chef l'armée du Levant, décida de remanier les zones d'occupation et de partager entre les 1re et 2e divisions la tâche si lourde qui, jusque-là, incombait à la 1re seule.

Dès le commencement de février, la 2e division (gé-

néral de Lamothe), qui occupait la Syrie du sud, prit ses dispositions pour rejoindre le territoire : Alexandrette, Killis, Aïn-Tab et zone est de l'Euphrate.

Pour transporter cette division, on avait d'abord songé, pour certains éléments du moins, à se servir de la voie ferrée Rayak - Alep, mais le gouvernement de l'émir Fayçal s'y opposa et force fut donc d'embarquer à Beyrouth troupes, approvisionnements et matériel.

Le quartier général de la 2e division devait s'installer à Killis, mais, en arrivant à Katma, le général de Lamothe trouva la région très troublée; des bandes avaient coupé la voie ferrée vers Radjoun, aussitôt après le passage du premier échelon de l'état-major; le deuxième échelon et plusieurs trains de troupes et d'approvisionnements restèrent en panne à Islahie pendant près d'une semaine. D'autre part, la base militaire de Katma n'existait qu'à l'état de rudiment; il fallait la développer, l'organiser et y entasser matériel et vivres avant de pousser plus loin; le général décida donc de rester là momentanément.

Ceux-là seuls qui ont vécu à Katma, en février et mars 1920, ont pu se rendre compte des énormes difficultés auxquelles la 2e division s'est heurtée pour organiser sa base, constituer ses approvisionnements, mettre ses colonnes sur pied et les lancer par ordre d'urgence vers les postes à dégager ou à ravitailler.

Le général et quelques officiers de son état-major logeaient et travaillaient dans des wagons; l'intendance, le payeur et certains services, plus privilégiés, disposaient de baraques Adrian; les autres officiers et la troupe étaient sous la tente, dans la neige, et les animaux dehors, sans aucun abri, et il faut noter que, cet hiver-là, la température a été exceptionnellement froide.

Mais le fait le plus grave était que les troupes et les approvisionnements n'arrivaient que très lentement, très irrégulièrement; les bandes avaient reçu l'ordre des Kémalistes de gêner nos transports, et elles ne s'en acquittaient que trop bien; souvent, la voie ferrée fut coupée, principalement entre Meidan-Ekbès et Radjoun, quelquefois même, à une dizaine de kilomètres à peine de Katma, vers la station de Kurt-Koulac. Dès qu'un bataillon, voire même une compagnie, devenait disponible, on l'envoyait aussitôt protéger les équipes travaillant aux réparations; la voie rétablie, un ou plusieurs trains passaient et, deux ou trois jours plus tard, on apprenait qu'une nouvelle coupure venait d'être faite ailleurs!

Les postes installés dans les gares et à proximité des viaducs étaient, eux aussi, harcelés par nos ennemis; celui de Radjoun, entre autres, encerclé et furieusement attaqué, soutint très héroïquement un siège de près d'une semaine et fut débloqué par une colonne envoyée de Katma.

Cependant, il devenait de jour en jour plus urgent de ravitailler nos postes avancés; la garnison d'Aïn-Tab, sans être encerclée de très près, était tout de même coupée de ses communications avec la base de Katma par des bandes installées vers Ullu-Mezeré et Kasikli; les émissaires ne passaient que difficilement et un de nos convois de vivres, insuffisamment protégé, avait dû revenir à son point de départ; la garnison d'Ourfa, assiégée depuis fin janvier, avait, elle aussi, besoin d'aide et de vivres; enfin, nous étions sans nouvelles précises de notre poste de Tel-Abiad, aventuré en Mésopotamie, à plus de 100 kilomètres à l'est de l'Euphrate.

Aussi, dès l'arrivée à Katma des deux premiers bataillons de la division, le général de Lamothe n'hésita pas à les lancer au plus pressé : sur Tel-Abiad, bien que ces unités lui fussent des plus nécessaires pour ramener et maintenir la tranquillité dans les environs mêmes de la base.

Après le départ de cette première colonne (28 février), il ne resta plus à Katma qu'un peu moins de deux compagnies pour assurer la défense de la base, protéger l'état-major, les services, les dépôts de toutes sortes et escorter les trains circulant entre Muslimie et Méidan-Ekbès. Les chefs de bandes ne l'ignoraient pas, aussi des bruits d'attaque parvenaient-ils au service des renseignements presque tous les jours; les Chérifiens d'Alep, d'Azaz et de Katma — un de leurs postes était installé à l'intérieur même de la base française — nous suscitaient les plus grands ennuis; interdisant à la population de nous ravitailler en quoi que ce soit, renseignant les agitateurs sur nos forces et nos mouvements et les engageant à attaquer nos bivouacs et nos convois.

Tout cela dit pour bien montrer que les débuts des opérations de la 2e division dans le Nord syrien ont été des plus laborieux, et qu'il a fallu à son chef payer de patience, d'énergie et de ténacité pour faire face et triompher de toutes ces difficultés.

A la fin mars, la situation devint meilleure; la colonne dont il est question ci-dessus, commandée par le colonel Normand, avait pu ravitailler nos postes de la voie ferrée jusqu'à Tel-Abiad et secourir notre garnison de Biredjik, assiégée dans les bâtiments mêmes qu'elle occupait; d'autre part, troupes, vivres et munitions avaient pu être concentrés à Katma; une nouvelle colonne fut alors organisée en vue de conduire à notre garnison d'Aïn-Tab un important convoi de ravitaillement.

Sivas
ANATOLIE
Karpouth
Albistan
Diarbekir
Marasch
CILICIE
Mardine
Ourfa
Adana
Islahié
Aintab
Biredjik
Meidan Ekbes
Mersine
Killis
Djirablous
Tel Abiad
Radjoun
Katma
Alexandrette
Kourt Koulak
MÉSOPOTAMIE
Mossoul
Muslimié
Alep
Tigre
Euphrate
Deir-ez-Zor
SYRIE
Tripoli
Beyrouth
Rayak
Damas
Limite du Mandat français
(avant le dernier accord
franco-turc)
Limite de l'Influence française
Echelle: 1: 3.000.000
100 Kilom

Croquis n° 1.

LA VIE MILITAIRE AU LEVANT

En colonne pendant un an dans le Nord syrien et en Mésopotamie

Mars 1920 — Mars 1921.

PREMIÈRE PARTIE

CHAPITRE Ier.

Première colonne d'Aïn-Tab (25 mars - 5 avril 1920).

(Voir croquis n° 2.)

La colonne, sous le commandement du lieutenant-colonel Andréa, comprend :

Trois bataillons d'infanterie (un de tirailleurs algériens, un de tirailleurs sénégalais, le troisième d'infanterie coloniale);

Deux escadrons de spahis (dont un à pied), devant se remonter à Aïn-Tab avec les chevaux disponibles des deux escadrons qui y sont en garnison;

Une batterie de 65 de montagne;

Une demi-section du génie;

Une compagnie du train (renforcée par des voitures de réquisition; au total, 400 voitures avec les trains régimentaires des unités);

Une ambulance.

En chiffres ronds : 2.500 hommes et 1.400 animaux.

Le terrain. — La route de Killis à Aïn-Tab passe dans une succession de défilés : Sniab-Sou, Kasikli, Elmali, Kutchuc-Kizil-Hissar, défilés étroits qui laissent la route à bonne portée de fusil des crêtes situées de part et d'autre.

Deux positions ont été organisées par les bandes : l'une sur les hauteurs nord de Kasikli, battant le pont sur le Balik-Souyou, l'autre sur les crêtes d'Elmali, défendant l'entrée du défilé du même nom.

L'ennemi. — Les renseignements recueillis concordent tous pour fixer à un millier d'hommes environ l'effectif des bandes qui gardent la route, auquel il faut ajouter un nombre au moins égal de villageois armés, qui, sans aucun doute, se mettront contre nous au moment de l'alerte; on annonce, enfin, que des détachements importants viendraient de Marasch et de l'est renforcer notre adversaire dès que la colonne française se sera mise en route; il n'est pas question encore de troupes régulières turques. L'ennemi disposerait de huit mitrailleuses; on parle même de un ou deux canons, mais ce dernier renseignement est douteux.

Exécution. — La colonne part de Killis le 25 mars, à 15 heures, et va bivouaquer à huit kilomètres plus loin, à côté du petit village d'Atar; c'est le « démarrage » qui permet à chacun de bien connaître sa place et aux unités de ce que sera leur mission.

Le dispositif de marche est le suivant :

Avant-garde :

Un peloton de cavalerie;

Deux compagnies d'infanterie et un peloton de mitrailleuses;

Une demi-section du génie;

Une demi-batterie de 65 (avec un peloton de cavaliers à pied comme soutien).

Les flancs-gardes et l'arrière-garde comprennent chacune :

Deux compagnies d'infanterie et un peloton de mitrailleuses;

Un demi-peloton de cavalerie.

Les éléments ci-après sont réservés et marchent en tête du convoi, à 1.000 mètres environ de la queue de l'arrière-garde :

Un demi-peloton de cavaliers montés;
Trois pelotons de cavaliers à pied;
Une demi-batterie de 65;
Un peloton de mitrailleuses.

Les voitures sont groupées en quatre sections commandées chacune par un officier, le tout sous la direction du capitaine commandant la compagnie du train.

L'avant-garde marche en triangle, par colonnes de groupes, encadrant les mitrailleuses, et plus ou moins espacées, suivant le terrain; le dispositif peut couvrir un front de plus d'un kilomètre dans les circonstances favorables.

Chaque flanc-garde est en colonnes de sections échelonnées, se débordant, vers l'extérieur, de la tête au milieu de la formation, et, vers l'intérieur, du milieu à la queue; les fractions extrêmes sont en liaison à la vue et par le feu avec les éléments des ailes de l'avant-garde et de l'arrière-garde, intervalles et distances variables suivant le terrain; la section la plus éloignée sur chaque flanc à environ 1.000 mètres de la route suivie par le convoi.

L'arrière-garde est, à peu de chose près, disposée comme l'avant-garde, le sommet du triangle vers l'extérieur.

Ce dispositif n'est qu'un schéma, applicable à peu près intégralement en plaine, fortement modifiable lorsque le terrain et les circonstances le demandent, mais les officiers et les gradés doivent s'en inspirer, car il aide à la bonne compréhension du mécanisme de défense du convoi; le dispositif permet, en effet, à chaque face, de faire front à l'attaque dans le minimum de temps et avec tout, ou la plus grande partie, de son effectif.

La distance minimum de 1.000 mètres indiquée ci-dessus comme devant séparer la colonne des voitures de chaque flanc-garde est commandée par la nécessité de mettre, autant que possible, le convoi à l'abri des balles ennemies.

Ce schéma n'a presque pas été appliqué au cours de cette colonne, le terrain ne s'y prêtant pas, mais il l'a été intégralement plus tard, dans les plaines du Sadjour et en Mésopotamie, où il a largement fait ses preuves.

JOURNÉE DU 25 MARS.

Le « démarrage » se fait sans difficulté, les jardins et oliveraies de Killis sont fouillés, rien de suspect n'y est rencontré. La colonne stationne à proximité du village d'Atar, vide de ses habitants, mais depuis peu de temps, car chiens, chats et poules s'y trouvent encore.

Bivouac en carré, les quatre faces respectivement gardées par les mêmes éléments constituant les faces de marche, l'artillerie à l'intérieur de la formation, les pièces en surveillance sur les points d'où l'ennemi pourrait troubler, pendant la nuit, la tranquillité du bivouac; les animaux et les voitures parqués à l'intérieur du carré; des tranchées pour groupes de combat et des emplacements de mitrailleuses sont aménagés sur les faces; les flanquements sont étudiés et assurés, la surveillance est exercée par un service de quart rigoureux.

JOURNÉE DU 26 MARS.

La nuit a été tranquille; nous partons à 5 h. 30, il fait à peine jour; même dispositif de marche que la veille. A 6 heures, des coups de fusil sont tirés sur les cavaliers d'avant-garde; on aperçoit des groupes ennemis à gauche de la route, sur les hauteurs rocheuses d'Adjar, et à droite, sur la croupe ouest de Kantara; d'autres fractions sont installées dans les ravins qui coupent perpendiculairement la route et qui sont autant de tranchées naturelles difficiles à fouiller par notre artillerie. Plus au loin, à 5 ou 6 kilomètres, les hauteurs est de Munédir sont également tenues par des détachements qui ne se dissimulent nullement.

Il n'est pas possible de s'engager dans le défilé avant d'avoir chassé l'ennemi des crêtes avoisinantes; l'avant-garde, forte de deux compagnies seulement, ne peut entreprendre cette opération; elle doit, d'autre part, couvrir constamment le gros dans la direction de marche; en conséquence, les ordres ci-après sont envoyés aux intéressés :

1° *A la flanc-garde de gauche :* s'emparer des hauteurs rocheuses d'Adjar, action préparée et appuyée par la section d'artillerie du gros;

2° *A la flanc-garde de droite :* aborder par le sud la croupe ouest de Kantara, et, sous la protection de l'artillerie de l'avant-garde, chasser l'ennemi qui tient le sommet de la hauteur;

3° *A l'avant-garde :* progresser par infiltration et, dès que l'action des flancs-gardes commencera à produire son effet, pousser ferme en avant en nettoyant les ravins qui coupent la route;

d'après la Carte de Reconnaissance de l'E.M. Ottoman.

Croquis n° 2.

4° *Au commandant du convoi* : faire serrer les voitures et les disposer sur plusieurs rangs pour diminuer la profondeur de la colonne; installer sur les flancs les isolés et une partie des conducteurs pour parer, le cas échéant, aux attaques qui pourraient se glisser sur le terrain laissé libre, par le mouvement en avant des flancs-gardes;

5° Le commandant de *l'arrière-garde* reçoit communication de tous ces ordres et il lui est recommandé de surveiller tout particulièrement les flancs du convoi vers l'arrière.

La progression des flancs-gardes est très lente au début, en raison du feu très vif et bien ajusté de l'ennemi; celui-ci, invisible, terré dans ses trous, ou caché derrière des rochers, est difficile à repérer; toutefois, nos canons de montagne remplissent bien leur mission et, vers 10 heures, la croupe de Kantara est enlevée par la flanc-garde de droite.

De l'autre côté de la route, la tâche est plus difficile, l'escalade des rochers est pénible, l'ennemi se cramponne énergiquement à sa position qu'il sent forte; l'artillerie de l'avant-garde, qui a achevé sa mission d'accompagnement de la flanc-garde de droite, reçoit l'ordre de reporter son tir sur les rochers d'Adjar pour doubler l'action de la section de 65 du gros; la batterie entière exécute alors une bonne préparation d'une vingtaine de minutes, à la suite de laquelle coloniaux et Sénégalais partent à l'assaut; les Turcs n'attendent pas le choc, ils se replient de rocher en rocher, harcelés par nos feux, et vont disparaître dans de profonds ravins qu'ils utilisent ensuite pour retraiter vers l'ouest.

A 12 h. 30, les hauteurs du défilé sont à nous, la marche est reprise, les flancs-gardes progressent par les crêtes; à mesure que l'on avance, les collines de Munédir se dégarnissent et, lorsque nous arrivons à leur hauteur, il n'y a plus personne dessus, les bandes se sont retirées vers le nord sans combattre.

A 14 heures, la colonne passe sur le pont du Sniab-Sou, et, comme elle ne peut atteindre avant la nuit le ruisseau de Kasikli, elle bivouaque à un kilomètre environ au delà du pont, sur un terrain hors de portée des balles qui pourraient être tirées des hauteurs environnantes.

Les pertes de la journée sont de : 2 tués, dont 1 officier; 8 blessés, dont 1 officier.

JOURNÉE DU 27 MARS.

La nuit s'est passée bien tranquillement; au lever du jour, la colonne se met en route; à 6 h. 30, l'avant-garde signale l'occupation, par les bandes, des hauteurs du défilé de Kasikli; les flancs-gardes progressent par les crêtes; celle de droite déloge de la croupe est de Tchortane une vingtaine de villageois armés qui tiraillent sur l'avant-garde, pousse sur le mamelon de Kasikli, franchit à gué le Balik-Souyou et atteint la hauteur au nord sans rencontrer de résistance sérieuse; de ce côté, l'ennemi reste indécis, ne réagit que peu et s'efface vers l'est au fur et à mesure que nous avançons.

C'est également ce qui se passe à l'ouest de la route; la flanc-garde de gauche atteint aisément la croupe de Gueurtendjic et pousse une compagnie de l'autre côté de la rivière, sur Missirdjic.

L'avant-garde ne trouve rien devant elle jusqu'au pont sur le Balik-Souyou, mais, de l'autre côté, elle est accueillie par une vive fusillade provenant de tranchées établies à côté de la route, sur les pentes du plateau sud de Bachgeuz; l'artillerie canonne les occupants — une centaine environ — et les met facilement en fuite; toute la colonne se porte ensuite sur le plateau, où un arrêt est ordonné pour permettre aux attelages de souffler, après la pénible montée de Gueurtendjic.

La marche est reprise à 12 h. 30; l'avant-garde disperse une bande de 200 hommes installée vers le han de Backgeuz, elle passe ensuite sur le pont du ruisseau où des traces de destruction sont relevées; les pierres du parapet gisent dans les fossés, mais la voûte est intacte et les voitures peuvent passer sans crainte.

A hauteur de Bostandjic, la cavalerie de pointe est accueillie par un feu très vif de mousqueterie et de mitrailleuses; les crêtes du défilé d'El-Mali sont fortement tenues; c'est là que va se livrer le grand combat; les renseignements recueillis sur place confirment ce que l'on sait déjà, savoir : que l'adversaire résistera opiniâtrément sur cette position solide et bien organisée. Il est près de 15 heures, dans trois heures, il fera nuit; on ne peut espérer forcer le défilé pendant ce qui reste de jour; d'autre part, l'installation au bivouac, dans l'obscurité, après un engagement, est chose délicate; enfin, les animaux n'ont pas encore bu de la journée et il est prudent de les conduire à l'abreuvoir, au ruisseau de Bachgeuz, avant la nuit.

Ordre est donc donné de stationner à cheval sur la route, à 3 kilomètres environ au sud de Bostandjic; l'installation se fait sans incident, et, comme l'on est au contact immédiat de l'ennemi, la moitié de l'effectif — au lieu du quart ordinairement — va veiller pendant la nuit.

Pertes de la journée : 3 blessés.

Journée du 28 mars.

A 4 heures, en pleine obscurité, quelques coups de fusil sont tirés sur le bivouac; chacun vole à son poste, mais ce n'est qu'une alerte; tout se tait au bout de quelques minutes.

A l'aube, la colonne reprend sa marche dans le même dispositif que les jours précédents; à 6 heures, une fusillade nourrie arrête les cavaliers de pointe en face de Bostandjic.

Avant d'aller plus loin sur la route, il faut déloger l'adversaire des hauteurs qu'il occupe; c'est l'affaire des flancs-gardes, qui en reçoivent l'ordre et qui sont appuyées chacune par une section d'artillerie de montagne; la flanc-garde de gauche est aidée dans son action par une compagnie de l'avant-garde, qui reçoit comme objectif la partie est de l'éperon rocheux nord de Bostandjic.

A gauche de la route, après une bonne préparation par le 65, l'assaut est déclanché; il réussit parfaitement, la croupe rocheuse est brillamment enlevée à la baïonnette; les Turcs fuient vers le nord, beaucoup tombent sous nos feux; les éléments du gros de la colonne compteront tout à l'heure, à côté de la route qu'ils vont suivre, 15 cadavres, dont ceux de deux gendarmes turcs, sur une distance de moins de 100 mètres.

Pendant que cette action se déroule à l'ouest de la route, la flanc-garde de droite aborde les pentes des hauteurs est du défilé; il existe là des ravins dans lesquels s'abrite l'ennemi, et d'où il tire sur nous avec ses mitrailleuses, sans qu'il soit possible de le repérer très exactement; la tâche de l'artillerie en est rendue plus difficile et la progression de ce côté est très ralentie. Mais notre installation sur les rochers de Bostandjic permet de prendre en flanc les défenseurs du massif est; craignant pour leur retraite, tirailleurs et mitrailleurs turcs abandonnent leurs positions et se retirent par les ravins qui coupent la hauteur en son milieu; notre artillerie exécute sur eux une série de rafales heureuses qui sèment la panique, et on assiste à une fuite désordonnée dans toutes les directions d'isolés et de petits groupes ennemis.

A 9 heures, l'entrée du défilé est libre, le convoi s'y engage, l'avant-garde va occuper le col d'Ulu-Mezeré, la flanc-garde de droite s'établit sur les crêtes à l'est du village, la flanc-garde de gauche s'installe sur la croupe Ak-Baba-Ziaret, pendant que les voitures montent la forte et longue rampe qui mène au col, et que la batterie de montagne ouvre le feu à 4.000 mètres sur des bandes en pleine retraite vers le nord-est.

Après un repos d'une heure à Ulu-Mezeré, la colonne reprend sa marche; elle ne rencontre plus de résistance, et, vers 11 heures, près de Kutchuc-Kizil-Hissar, les cavaliers de l'avant-garde entrent en liaison avec les spahis d'Aïn-Tab. La garnison, prévenue par message de l'approche du convoi, a mobilisé tout son monde et, sur l'ordre du colonel Flye Sainte-Marie, commandant la zone, est allée occuper les hauteurs nord du défilé de Kutchuc; elle a facilement dispersé avec ses canons de 75 des groupes de tchetés (irréguliers), qui avaient l'intention de nous arrêter au col de Kutchuk et a envoyé sa cavalerie prendre position sur les crêtes sud du Kizil-Hissar; la route est ainsi gardée jusqu'à Aïn-Tab.

La colonne s'arrête pour manger au ruisseau de Kizil-Hissar, où elle trouve de l'eau et où viennent la rejoindre quelques officiers du poste d'Aïn-Tab : échange d'impressions et joie de nos camarades en apprenant qu'un volumineux courrier leur est apporté par le convoi; depuis près de trois mois ils n'ont reçu aucune nouvelle de leur famille!

La colonne entre à Aïn-Tab à 16 heures; elle défile alertement devant le commandant de la zone et s'installe au bivouac à l'est de la ville; les directions dangereuses sont tout particulièrement surveillées, les précautions habituelles de sûreté sont prises et vérifiées avant la nuit.

Les pertes de la journée sont sensibles : 2 tués, dont 1 officier; 14 blessés, ce qui fait un total, pour les trois jours de combat, de : tués, 4, dont 2 officiers; blessés, 25, dont 1 officier.

Les pertes ennemies ne peuvent être évaluées exactement : 26 cadavres ont été vus par nous le premier jour, 17 le second, 46 le troisième. Total : 89. Ce chiffre ne s'entend que des cadavres comptés par les commandants de l'avant-garde et des flancs-gardes, au cours de leur progression; les pertes réelles sont naturellement plus élevées; quelques jours plus tard, nous apprendrons que les Turcs accusent une centaine de morts et 300 blessés.

SÉJOUR A AÏN-TAB.

La colonne stationne à Aïn-Tab jusqu'au 1er avril, pour emmagasiner les vivres et les munitions apportés par le convoi et pour relever certaines unités de la garnison qui doivent rentrer à Killis; travail et mouvements se font en pleine tranquillité, pas un coup de fusil n'est tiré sur le bivouac.

Nous pouvons aller en ville turque et, sous prétexte d'achats dans les boutiques, nous nous rendons compte de l'attitude des habitants à notre égard; il n'y a aucun doute : l'accueil est plutôt froid. La ville est garnie de tchétés (irréguliers) qui faisaient partie des bandes qui nous ont combattu ces jours derniers; lorsque nous les croisons, ils se dérangent à peine de leur chemin et leur regard a quelque chose de féroce et de haineux qui augure mal pour l'avenir.

Il ne peut d'ailleurs en être autrement ici : Aïn-Tab est un centre important de propagande kémaliste; tous les fonctionnaires sont nationalistes; ils ont reçu l'ordre d'Angora de fanatiser les populations contre nous; pour y arriver, tous les moyens leur sont bons, et il n'est pas de vilenies et de calomnies qu'ils ne répandent sur la conduite que nous aurons, vis-à-vis des populations musulmanes, dans les pays qui resteront sous notre mandat.

Le mutessarif (préfet) qui commande le sandjak est un des principaux artisans de la situation troublée actuelle; il est marié à une femme turque cultivée, qui parle très bien français et qui est peut-être encore plus kémaliste que son mari; toutefois, les relations du mutessarif Djellal-Eddine, avec les autorités françaises, sont correctes en apparence, mais nous avons les preuves qu'en dessous ce fonctionnaire travaille très ferme contre nous.

Nous lui faisons une visite le 29 mars, pour lui parler des faits anormaux que nous avons relevés au cours de la marche du convoi.

Djellal-Eddine nous reçoit au konak (préfecture), assisté de son commandant de gendarmerie; d'un aspect extérieur plutôt négligé, avec une physionomie très mobile et un regard intelligent, mais faux, ce fonctionnaire a tout de même une certaine distinction dans ses manières et dans sa façon de parler. Il nous fait apporter la traditionnelle tasse de café et l'habituelle cigarette et place ostensiblement sur sa table la photographie (sur carte postale) de notre maître

Loti, dont il nous parle avec chaleur, comme d'un véritable ami des Turcs; très finement, il nous donne à entendre que tous les Français ne sont malheureusement pas comme lui.

Nous entrons ensuite dans le vif du sujet, objet de notre visite; nous exprimons à Djellal-Eddine notre déception et notre étonnement d'avoir trouvé sur notre route presque tous les villages évacués, et d'avoir constaté que les villageois ont fait cause commune avec les bandes contre le convoi.

— Si les habitants ont quitté leur village, répond-il, c'est qu'ils ont eu peur du soldat français; ils ont dû se cacher quelque part, mais n'ont certainement pas prêté main-forte aux bandits; ils doivent avoir réintégré leurs demeures après le passage de la colonne.

Nous indiquons au mutessarif que les quelques habitants invalides, restés dans les villages, nous ont affirmé que les campagnards avaient rejoint les bandes, par force, disaient-ils, mais de leur propre gré, croyons-nous.

Djellal-Eddine n'en croit rien.

— Nous avons également constaté, lui disons-nous, que des gendarmes du sandjak se trouvaient avec les rebelles, les cadavres de deux d'entre eux, tués le 28, ont été identifiés vers Bostandjic.

Le mutessarif interroge du regard son commandant de gendarmerie, lequel fait un signe de dénégation, et Djellal-Eddine de répondre aussitôt que nous avons dû nous tromper, il n'y avait pas de gendarmes de ce côté-là, le 28.

Et il en est ainsi pour d'autres faits que nous signalons encore; la réponse est invariable : « Nous nous sommes trompés; si la chose était réelle, lui, mutessarif, en aurait connaissance. »

Quelque peu indisposés de nous voir traiter comme

des naïfs, nous déclarons à Djellal-Eddine que notre but, en venant le voir, était de l'informer des choses anormales que nous avions constatées et vérifiées par nous-mêmes, pensant que le mutessarif joindrait ses efforts à ceux des Français pour calmer les esprits et ramener la confiance dans la région, comme le recommande le traité de Sèvres, signé par la France et la Turquie; mais que, devant les réponses qui nous sont faites, qui toutes contestent le bien-fondé de ce que, très loyalement, nous avançons, il ne nous reste plus qu'à nous retirer.

Djellal-Eddine change alors de ton et nous prie de rester; il change aussi de tactique; il ne conteste plus rien, et même, dit-il, il peut se faire que des gendarmes aient été envoyés en service dans la région de Killis et qu'ils se soient trouvés avec les bandits au passage de la colonne française; il va faire une enquête et, s'il y a faute, il prendra des sanctions.

Nous lui demandons alors de donner des ordres pour faire rentrer les paysans chez eux et d'inviter les bandes à quitter le pays, afin d'éviter de nouvelles effusions de sang.

— J'agirai auprès des villageois, nous répond-il, sans être cependant très assuré du succès; quant aux bandes, je n'ai aucune action sur elles.

— Comment se fait-il alors, disons-nous, que, sur simple laisser-passer délivré par votre administration, elles laissent les Américains circuler librement?

Djellal-Eddine certifie qu'il n'a jamais signé de laisser-passer.

Nous lui en montrons un, portant le cachet du sandjak.

Le mutessarif regarde attentivement, cherche sa réponse, et déclare que le document ne porte pas sa signature; quant au cachet, il ne s'explique pas qu'il ait été apposé là-dessus.

Aïn-Tab (quartier turc).

Aïn-Tab (la citadelle).

Nous abrégeons notre visite, et en prenant congé, nous emportons l'impression que Djellal-Eddine est et sera toujours, pour nous, un ennemi fanatique et irréductible.

RETOUR SUR KILLIS.

Le 1er avril, la colonne, quelque peu modifiée par les relèves opérées à Aïn-Tab, en exécution des ordres de la division, se met en route pour rentrer à Killis.

A 6 heures, l'avant-garde se heurte à des groupes ennemis en position sur les crêtes du col de Kulchuk-Kizil-Hissar; un tir précis et rapide d'une batterie de 75, que nous ramenons avec nous, disperse les bandes qui ne tentent plus de revenir au combat.

Plus à l'est, la flanc-garde de gauche est aux prises avec des tirailleurs irréguliers embusqués dans les rochers du plateau sud d'Aïn-Tab; le peloton de cavalerie de cette flanc-garde, qui s'est aventuré sur ce terrain, de parcours difficile pour les chevaux, a dû mettre pied à terre pour combattre, il n'est plus libre de ses mouvements et l'ennemi tente de l'encercler; sa situation devient rapidement critique; une compagnie d'infanterie part à son secours, tandis que l'artillerie bat les arrières du plateau pour interdire l'arrivée de tout renfort adverse; au bout de vingt minutes de combat, le peloton est dégagé et ramené à sa flanc-garde.

Quelques coups de fusil encore sont tirés, mais de très loin, sur l'arrière-garde; la colonne poursuit ensuite tranquillement sa marche jusqu'au bivouac d'El-Mali, où elle reprend ses emplacements du 27 mars; elle stationne au Sniab-Sou le 2 avril et rentre à Killis le lendemain, où un bel ordre du jour du général commandant la division vient récompenser l'entrain et le courage dont nos braves soldats ont fait preuve pendant ces journées de combat.

CHAPITRE II.

COLONNE DE L'EST.

Première période (9 au 15 avril 1920).

(Voir croquis n° 3.)

Aussitôt après la rentrée à Killis du convoi d'Aïn-Tab, la 2e division organise une nouvelle colonne en vue d'opérations à effectuer au delà de l'Euphrate, en Mésopotamie.

Nos postes, de ce côté, sont tous plus ou moins menacés et les garnisons françaises d'Ourfa et d'Arab-Pounar sont encerclées et assiégées. Dans ces régions, la propagande nationaliste, conduite par le mutessarif d'Ourfa, Ali Riza Bey, et le capitaine de gendarmerie Ali Saïd, a réussi à soulever contre nous une bonne partie des tribus kurdes. Pour aller rétablir l'ordre et affirmer notre autorité, aussi loin de notre base militaire, il est indispensable d'agir avec une force imposante; c'est l'avis du lieutenant-colonel Capitrel, commandant la zone de Djirablouse; c'est aussi celui du colonel Normand : deux officiers qui connaissent parfaitement le pays et la situation.

L'état-major de Killis met sur pied une forte colonne, qui prend le nom de « *colonne de l'Est* » et qui est placée sous le commandement du lieutenant-colonel Andréa.

Elle comprend : quatre bataillons d'infanterie, un demi-régiment de cavalerie; une batterie de 65 de montagne, une batterie de 75, une section du génie, une compagnie du train des équipages, une ambulance.

Un officier du service des renseignements, un payeur et un chirurgien sont affectés au détachement.

Seroudj
Tell Shehr
Arab-Pounar
Siftek
Biredjik
Euphrate
Djirablouse
Duyunuk
Hulmen
Sadjour
Poste du Sadjour
Station
Hadji Veli
Beyler bey
Vahivine
vers Aintab
Balic Souyou
Saive
Sinab Sou
vers Aintab
Killis
Voie ferrée
Station
Poste Français

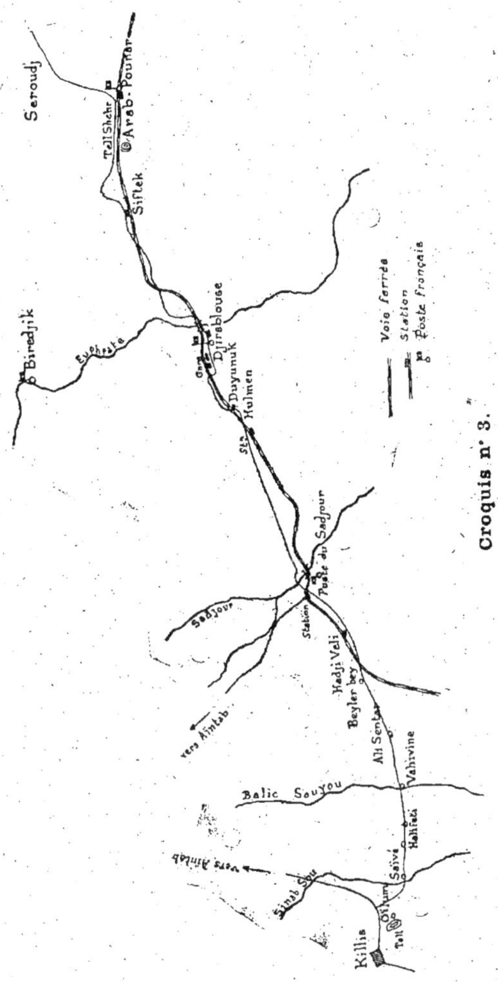

Croquis n° 3.

Enfin, les trains de ravitaillement devant pouvoir pousser sur le Bagdad, jusqu'à Arab-Pounar et, au besoin, jusqu'à Tel-Abiad, un ingénieur et des équipes de spécialistes de la voie, avec du matériel, sont embarqués à Katma pour exécuter les réparations qu'il y aurait lieu de faire.

La mission de la colonne consiste à dégager les garnisons attaquées, à ravitailler les postes de l'est (Sadjour, Djirablouse, Biredjik, Arab-Pounar, Ourfa, Karab-Nias, Kul-Tépé et Tel-Abiad), à relever et ramener à Killis les éléments de la 1re division qui se trouvent encore dans ces postes.

La colonne quitte Killis le 9 avril; le dispositif de marche est le même que celui appliqué au convoi d'Aïn-Tab; les faces sont plus fortement constituées, puisque les effectifs le permettent : l'avant-garde et l'arrière-garde disposent chacune d'une section d'artillerie de montagne et, au gros, un escadron de cavalerie reste à la disposition du commandant de la colonne pour les missions spéciales.

La distance entre Killis et le Sadjour est franchie en deux étapes, par l'itinéraire : Oïlum, Saïve, Halifeti, Vahvine, Ali-Sentar, Beyler-Bey, Hadji-Véli. Aucun incident ne se produit en cours de route; les villageois sont chez eux; interrogés sur leur participation aux combats de la colonne d'Aïn-Tab, ils se défendent tous d'y avoir coopéré; mais, dans les cimetières, un assez grand nombre de tombes fraîches témoignent du contraire.

Le 11 avril, le détachement bivouaque à côté du poste de Sadjour, tenu par un bataillon, lequel doit entrer dans la composition de la colonne; cette unité est relevée par une compagnie amenée de Killis, en même temps que sont débarqués des vivres et des munitions transportés par les trains partis de Katma, lesquels viennent de nous rejoindre.

Assez tard, dans la nuit, un Arabe des environs, X... (1), nous apporte des renseignements; il est le chef de plusieurs villages et s'est déclaré pour nous dès notre arrivée dans le pays; il nous a déjà rendu quelques services; mais il est très surveillé par les nationalistes turcs, aussi ne vient-il au poste que pendant les nuits noires, quand il est certain de n'être pas découvert.

« Tant que vous ne laisserez pas dans notre région, nous dit-il, des forces suffisantes pour en imposer aux Kémalistes, les tribus et les villages ne viendront pas ouvertement à vous; la population n'aime pas les nationalistes, qui la pillent et la maltraitent, mais elle a peur d'eux et craint leurs représailles. Assurez notre tranquillité d'une façon certaine, non pas par des colonnes qui ne font que passer, mais par des postes qui restent et nous protègent; vous verrez alors les chefs de tribus et de villages venir se placer aussitôt sous votre protection et vous aider loyalement dans votre œuvre de pacification et de civilisation. »

X... nous dit aussi que des bruits fâcheux courent dans la campagne au sujet de la garnison française d'Ourfa; elle se serait rendue aux Turcs après avoir vainement essayé de rompre le blocus qui l'enserrait. Cette nouvelle nous étonne, car des renseignements récents nous montraient, au contraire, la situation de notre poste comme bonne; nous ne pouvons, néanmoins, nous soustraire à une certaine inquiétude.

Le 12 avril, la colonne fait route sur Djirablouse, étape de 38 kilomètres, par une chaleur déjà forte; les trains partent en même temps que nous, escortés par

(1) Le lecteur comprendra qu'il n'est pas possible, dans cette étude, d'indiquer les noms des indigènes, chefs ou autres, qui ont rendu des services à la cause française; ce serait les désigner aux représailles de nos adversaires.

un bataillon de tirailleurs algériens; ils marchent lentement et sont souvent obligés de s'arrêter pour réparer la voie; jusqu'à Duyunuk, ce ne sont que des boulons et des éclisses à remettre, mais à hauteur de ce village, c'est une coupure importante qui nécessite une journée de travail; le bataillon d'escorte prend son dispositif de protection et la colonne continue sa marche sur Djirablouse, où elle arrive sans incident vers 17 heures.

Le lieutenant-colonel Capitrel, commandant la zone, n'a encore rien appris au sujet d'Ourfa; mais, dans la soirée, il reçoit un renseignement d'un chef kurde, précisant que notre malheureuse garnison, autorisée par les Turcs à sortir de la ville, a été attaquée par eux et en partie massacrée, le 11 avril, vers Sarimaghara, sur la route de Séroudj. Nous sommes consternés; nous arrivons trop tard et nous ne pouvions cependant être prêts plus tôt.

La fâcheuse nouvelle est télégraphiée au commandement; le lendemain, un avion venant de Killis apporte des ordres modifiant la mission primitive de la colonne de l'est; cette dernière doit se porter, sans retard, sur Aïn-Tab, où notre poste est à nouveau sérieusement menacé, cette fois par des réguliers, au nombre de 3.000 à 4.000, pourvus de mitrailleuses et de canons.

La colonne de l'est est alors divisée en deux détachements : l'un, comprenant la plus grosse partie des forces, placé sous les ordres du colonel Normand, se met en route sur Aïn-Tab le 14 avril au matin; l'autre, constitué par un bataillon de tirailleurs algériens, un escadron de spahis et une batterie de montagne, sous le commandement du lieutenant-colonel Andréa, reçoit l'ordre d'aller opérer dans la région d'Arab-Pounar, à l'est de l'Euphrate.

CHAPITRE III.

COLONNE D'ARAB-POUNAR

Première période (15 avril au 4 mai 1920).

(Voir croquis n°s 3 et 4.)

C'est une bien petite colonne comprenant, comme nous venons de le voir : un bataillon de tirailleurs algériens, un escadron de spahis, une batterie de montagne.

Sa mission, il est vrai, n'est pas de s'aventurer au loin, puisque son effectif ne le lui permet pas; elle doit tout d'abord dégager le poste d'Arab-Pounar, encerclé par des bandes turques, et exécuter ensuite des tournées de police à faible rayon dans les environs du poste, notamment sur le territoire de la tribu kurde des Alaéddines, dont le chef, Chahim bey, est notre irréconciliable ennemi; elle doit aussi chercher à recueillir les rescapés de notre infortunée garnison d'Ourfa et se renseigner sur les personnalités et les tribus qui ont organisé et exécuté le massacre de Sarimaghara.

La colonne part de Djirablouse le 15 avril à la pointe du jour; le lieutenant-colonel Capitrel, commandant la zone, se joint à nous; le chef kurde Z..., de la tribu amie des Kitkanes, nous accompagne; ses guerriers sont rassemblés à Sifteck, première station sur le Bagdad, au delà de l'Euphrate. Ils veulent prendre part à notre attaque sur Arab-Pounar.

La petite colonne encadre les trains dans lesquels ont été embarqués bagages, vivres, munitions et même les voitures qui, plus tard, nous serviront dans nos opérations autour d'Arab-Pounar. La région que nous traversons est calme, nous sommes sur le territoire de nos amis les Kitkanes et n'avons, par conséquent, rien à craindre de la population.

La voie ferrée a été l'objet de destructions et de détériorations de la part des nationalistes; nous nous arrêtons souvent pour exécuter des réparations et nous stoppons tout à fait à un kilomètre avant d'arriver à la station de Sifteck, où nous rencontrons une coupure importante faite de ponceaux sautés et de rails jetés au bas des remblais; la réfection demandera au moins deux bonnes journées de travail.

Nous bivouaquons sur place; comme il n'y a pas d'eau à proximité, les animaux vont à l'abreuvoir au village de Sifteck, où on ne trouve que deux puits et où il faudra cinq heures pour faire boire tous les chevaux.

Nous ne sommes qu'à une vingtaine de kilomètres d'Arab-Pounar; on entend distinctement le canon turc qui bombarde notre poste; les vedettes de cavalerie placées sur les hauteurs aperçoivent les éclatements. Les renseignements qui nous parviennent sont bons; notre poste résiste bien, ses mitrailleuses tiennent à distance les fantassins ennemis et rendent un assaut bien problématique pour le moment; demain, pendant que les équipes de la voie travailleront aux réparations, nous irons dégager notre petite garnison.

Journée du 16 avril.

Une compagnie et une section de mitrailleuses sont laissées à Sifteck pour garder les trains et protéger les travailleurs; la petite colonne, amputée ainsi de presque un tiers de son effectif en fantassins, quitte le

Arab-Pounar et ses environs immédiats. (Au sud-ouest le bivouac organisé après l'affaire du 27 avril.)

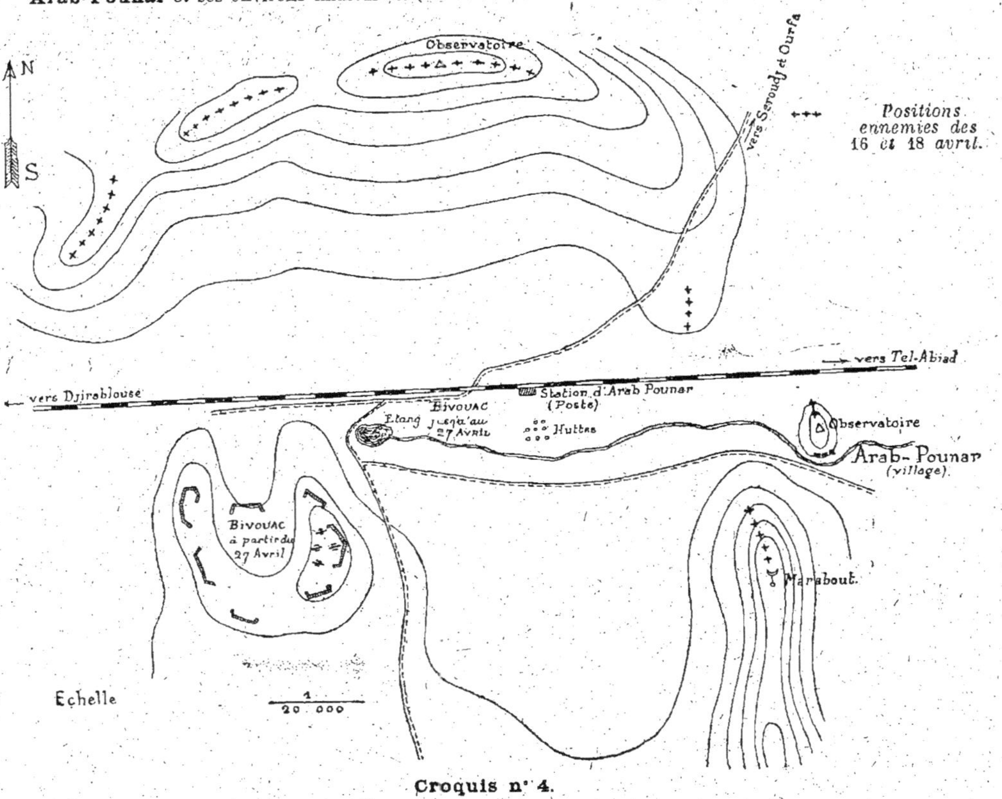

Croquis n° 4.

bivouac à l'aube et marche sur Arab-Pounar; le détachement n'est pas considérable, mais en espaçant les sections et les groupes plus que de coutume, on arrive à faire « du volume » et à tromper notre adversaire sur notre véritable force.

Des contingents de tribus amies (200 fusils environ) nous accompagnent; ils forment une bande marchant sans ordre, sans discipline, s'arrêtant où il leur plaît et s'égrenant sur l'itinéraire, de plus en plus, à mesure que l'on approche de l'ennemi. Ils sont armés avec des fusils de tous modèles, où domine le Mauser allemand. A voir un pareil troupeau, nous sommes tout de suite fixés sur l'aide qu'ils peuvent nous apporter; nous les maintenons assez loin sur notre droite pour qu'au moins ils ne nous gênent pas dans notre action. Après tout, ils font quand même nombre et notre « volume » n'en est que plus grand.

Lorsque les spahis d'avant-garde arrivent à hauteur de Tell-Shehr, les Turcs, installés sur les collines nord d'Arab-Pounar, exécutent sur eux un tir désordonné qui n'a aucune efficacité, car la distance de tir est de près de trois kilomètres; nos cavaliers continuent tranquillement à progresser, sans modifier leur formation, au grand ébahissement des guerriers de Z..., qui ne comprennent pas que nous marchions sans répondre au feu ennemi et qui, prudemment, se sont presque tous abrités derrière le Tell-Shehr (hauteur isolée au milieu de la plaine).

La batterie de montagne progresse, elle aussi, et, arrivée à hauteur du Tell, décharge ses pièces et met en batterie; elle exécute ensuite un court réglage suivi bientôt d'un tir d'efficacité rapide et nourri sur les positions tenues par les rebelles.

C'est le coup de massue qui impressionne et dont l'effet ne se fait pas attendre; on aperçoit des mouvements dans les lignes turques; tout d'abord, quelques hommes changent de place; puis, des groupes se reportent plus en arrière et, enfin, les gros, abandonnant la partie, se retirent vers le nord.

La flanc-garde de gauche de la colonne va occuper leurs positions, pendant que les autres éléments continuent leur marche sur le poste; des fractions de rebelles sont retranchées sur l'extrémité nord de la croupe 651; elles tirent sur notre cavalerie qui vient de dépasser la station; la batterie de montagne entre en action et, au bout d'un quart d'heure, tout s'évanouit sur 651. (Croquis n° 5.)

La liaison s'établit avec le poste français d'Arab-Pounar. Le lieutenant qui le commande est informé de notre retour sur Sifteck où nous avons laissé les trains. Cet officier nous montre les dégâts occasionnés par la centaine d'obus lancés par l'artillerie turque; ils sont peu importants; les murs du poste ont, en somme, peu souffert; ils sont percés de part en part en plusieurs endroits, mais, à l'intérieur du bâtiment, rien n'est détruit, sauf toutefois la pompe du réservoir d'eau dont le mécanisme est faussé. Aucun tué dans la garnison, quelques blessés légers seulement.

Après un repos d'une heure, la colonne se remet en marche en direction de Sifteck, où elle arrive dans l'après-midi sans incident. Nous ramenons avec nous un Français, rescapé d'Ourfa, lequel a pu rejoindre le poste d'Arab-Pounar avec deux de ses camarades. Il n'est malheureusement que trop vrai que presque toute la garnison a été lâchement massacrée dans un guet-apens odieux, organisé par les autorités turques elles-mêmes. Le commandant français, pensant ne pouvoir prolonger davantage la résistance, avait informé le mutessarif que la garnison française quitterait bientôt la ville pour se retirer sur Arab-Pounar;

il demandait que des chameaux soient mis à sa disposition pour enlever les bagages. Le mutessarif Ali Riza bey et le capitaine Ali Saïd déférèrent aussitôt au désir du commandant et fournirent les animaux demandés; ils assurèrent nos officiers que rien ne serait tenté contre nos soldats et, pour mieux montrer encore leur bonne volonté et leur désir de paix, ils organisèrent un petit détachement de gendarmes turcs devant accompagner la colonne française. Et, pendant que se déroulaient les négociations, les mêmes hommes travaillaient en dessous, auprès des tribus kurdes, pour les engager à attaquer et à exterminer notre malheureux détachement.

Journée du 18 avril.

Ce n'est que dans la matinée du 18 avril que les réparations à la voie ferrée sont terminées; les trains passent très lentement sur les ponceaux reconstruits avec des moyens de fortune et la colonne s'achemine ensuite sur Arab-Pounar.

Les bandes nationalistes ont réoccupé leurs positions du 16; la batterie de montagne les en déloge à nouveau; mais, cette fois, l'artillerie turque répond et tire une cinquantaine d'obus de petit calibre qui viennent tomber, à bout de souffle, à deux ou trois cents mètres de la gare où se trouve le poste français. Une section de 65, protégée par une compagnie de tirailleurs algériens, va mettre en batterie sur les collines nord de la station, où elle ouvre le feu sur les pièces turques qui se taisent et se retirent ensuite sur Séroudj.

Tout redevient calme autour du poste; la colonne s'installe au bivouac à l'ouest de la gare; des tranchées sont creusées, un plan de défense est dressé pour l'ensemble de la colonne et du poste, chaque unité prend connaissance de sa mission et reconnaît ses emplacements de combat. Pendant le jour, des détachements sont portés en surveillance sur les hauteurs nord de la gare et sur le tell d'Arab-Pounar, la cavalerie patrouille dans un rayon de deux à trois kilomètres et une section d'artillerie reste alertée; la nuit, tout le monde rentre au bivouac, où chacun a sa place de combat.

Un chef kurde du village d'Altmanik (deux kilomètres du poste) qui, à plusieurs reprises, s'est montré dévoué pour nous, vient de temps à autre nous renseigner sur les agissements des nationalistes; il y a à Seroudj et Boz-Tépé 400 à 500 réguliers avec 6 canons, dont deux sur roues; les bandes sont constituées par des contingents kurdes de la région d'Ourfa et par des combattants recrutés dans les villages des environs de Séroudj; des détachements arabes de la tribu des Anazehs se joindraient, paraît-il, aux Turcs pour nous faire la guerre; ces Arabes ont à leur tête Hatchim bey, homme intelligent, mais avide et ambitieux, qui a essayé d'entrer en relation avec nous, mais dont les prétentions excessives — pour prix de ses services — ont été repoussées.

L'effectif total des irréguliers peut monter jusqu'à 3.000 fusils. Les réguliers sont commandés par un officier supérieur turc, l'artillerie par un capitaine de l'active ayant fait la guerre contre les Anglais, et les bandes par des chefs civils, dont le plus fanatique est Chahim bey, de la tribu des Alaéddines. Le mutessarif d'Ourfa, Ali Riza bey, et le capitaine Ali Saïd assurent le ravitaillement par des réquisitions qu'ils exercent avec beaucoup de brutalité.

Devant toutes ces forces, il est bien évident que notre petite colonne, qui ne comprend même pas 700

vers Seroudj
Arab Pounar
515
vers Kharab Nias
Dihaba
Kara Halendje
528
651
670
Golmit
Arslan Tache
Keyrik
Keur Pinar
Boz Tépé
Yedi Kouyou
635
586
Kharabi Kurde
Robi
Til Hazan
Mezrea
Kabri Mouz
Khazini
Tepe Viren
Dibirek
Domouze
708
Kilidje Viran
713
Bel Viran

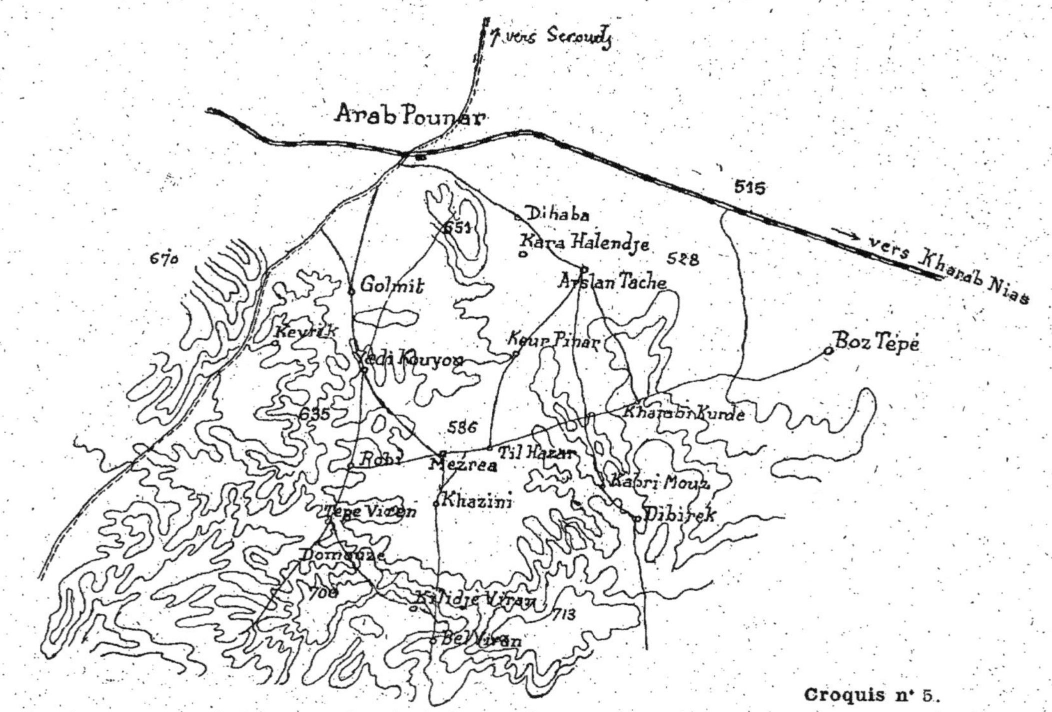

Croquis n° 5.

combattants, ne peut s'éloigner beaucoup de sa base d'Arab-Pounar; elle ne peut surtout pas se lancer à l'aventure dans cette grande plaine de Seroudj où presque tous les villages sont suspects, où elle ne peut trouver aucun point d'appui solide et où elle serait vigoureusement harcelée par des cavaliers nombreux et fanatiques. Toutefois, en opérant sur le terrain assez mouvementé du sud, qui confine au territoire de la tribu amie des Kitkanes, elle peut, sans trop de risques, essayer des incursions chez les Alaéddines.

Journées des 21 *et* 22 *avril*. (Voir croquis n° 5.)

La première sortie a lieu le 21 avril; nous n'emmenons que deux jours de vivres et laissons tous nos bagages au camp; nous nous dirigeons franchement vers le sud par Golmit et Yédi-Kouyou, villages alaeddines où les habitants sont bien tranquilles et nous regardent curieusement passer; nous entrons plus loin sur le territoire des Kitkanes et, à Mezréa, nous trouvons des maisons incendiées, œuvre de Chahim bey, ennemi implacable des Kitkanes. Nous poussons jusqu'à Khasini, où nous installons le bivouac; nous n'avons pas entendu un seul coup de fusil pendant toute notre route.

Le fils de Z... vient nous prier de faire une visite à son père, dont les tentes se trouvent à trois ou quatre kilomètres plus au sud, dans la montagne; nous nous y rendons, au nombre de sept ou huit officiers, escortés par un peloton de spahis. Z..., entouré de ses guerriers armés jusqu'aux dents, nous reçoit sous sa tente; il est visiblement heureux de ce que nous venons le saluer au milieu de sa tribu.

La réception est tout de suite cordiale; on nous offre des cigarettes, du lait caillé, du café, etc...; notre interprète explique le rôle civilisateur et bienfaisant que la France entend exercer en s'établissant dans le pays : sécurité, progrès et justice pour tous, aucune atteinte aux religions, coutumes et habitudes des populations, toutes choses que les Français respectent partout où ils vont, etc... Z... répète tout cela à ses gens qui ne manifestent ni pour, ni contre et qui se demandent probablement si nous allons leur interdire le pillage auquel ils se livrent souvent avec usure.

Avant la nuit, nous prenons congé, non pas sans que le médecin n'ait été réclamé par plusieurs malades. Z... veut nous retenir à dîner, mais nous refusons poliment, invoquant le devoir militaire qui interdit aux officiers de se séparer de leurs hommes, surtout pendant la nuit. « On vous portera alors le dîner à votre camp », nous répond-on, ce que nous acceptons volontiers.

La nuit s'est passée bien tranquillement; le 22 avril, au matin, nous reprenons la direction d'Arab-Pounar en passant, cette fois, par la vallée de Métellé, en plein territoire alaéddine, la flanc-garde de gauche progressant par les crêtes ouest et nous assurant ainsi une retraite facile vers Arab-Pounar, dans le cas où nous ne pourrions pas continuer par la vallée.

A hauteur de Keur-Pinar, nous recevons des coups de feu provenant de la direction d'Arslan-Tache; nous avançons sur Kara-Haleudje, mais la fusillade ennemie devient de plus en plus nourrie; une section de 65 met alors en batterie et canonne vigoureusement les huttes d'Arslan-Tache, dans lesquelles sont cachés les tirailleurs turcs; ceux-ci sortent en masse de leurs abris et se dirigent sur les villages plus éloignés. L'artillerie nationaliste se met alors de la partie; elle cherche à atteindre nos canons, d'abord avec des obus de petit calibre qui ne nous font aucun mal, et ensuite avec du 77 fusant qui, heureusement, éclate trop haut et ne blesse que quelques hommes. La batterie turque est repérée par nos artilleurs qui la contrebattent avec succès et la réduisent au silence assez rapidement.

Nous progressons ainsi, en combattant, jusqu'à hauteur de Dihaba; l'arrière-garde se trouve alors très vivement pressée par des cavaliers qui sortent d'Arslan-Tache et chargent très vigoureusement à la lance; nos tirailleurs ne s'affolent pas, ils s'arrêtent, mettent baïonnette au canon et commencent un feu ajusté sur la cavalerie adverse; ce feu est instantanément renforcé par les mitrailleuses de la flanc-garde de gauche qui a aperçu le mouvement ennemi et s'est mise en situation d'y parer; le canon de 37 de cette flanc-garde ouvre également le feu et les cavaliers turcs tournoient sur place et rebroussent chemin aussi vite qu'ils sont venus.

Vers Dihaba, la fusillade est toujours vive; la flanc-garde de droite, plus particulièrement menacée, est appuyée dans sa progression par une section d'artillerie de montagne en action, pendant que l'autre se porte en batterie plus en avant, où elle reprend, pour son compte, l'appui de l'infanterie, et la marche se continue ainsi, de position en position, jusqu'à hauteur de Mettellé, où le feu ennemi cesse entièrement.

On aperçoit, au nord, de nombreux détachements se dirigeant sur Séroudj et Boz-Tépé; la batterie de 65 les accompagne de ses obus aussi loin qu'elle le peut et, quand toute action devient impossible, la colonne rentre au bivouac d'Arab-Pounar.

Z..., qui nous a accompagnés, nous communique les renseignements que lui apportent ses émissaires; les Turcs, paraît-il, pensaient que notre détachement serait allé de Kazini sur Kharab-Nias, où nous avons un petit poste de Sénégalais; un moment, en effet, il avait été question d'exécuter cette marche, projet vite abandonné, vu la faiblesse de la colonne. Le commandant turc avait conçu le plan de nous laisser aller librement à Kharab-Nias et de nous interdire ensuite le retour sur Arab-Pounar en nous attaquant dans la plaine de Séroudj avec toutes ses forces régulières et irrégulières réunies. Il avait promis à son monde le pillage et le massacre et pensait pouvoir rééditer une nouvelle affaire d'Ourfa. Déçu de nous voir passer par le vallon de Mettellé, il a alors essayé une attaque directe sur notre flanc droit; quelques groupes d'irréguliers, seulement, ont obéi; mais la masse n'a pas bougé; seule, la cavalerie est passée à l'offensive mais n'a pu, comme on l'a vu, arriver au contact.

Le 23 avril, on entend des détonations dans la direction de Kharab-Nias; du tell d'Arab-Pounar, on voit très bien, avec un binoculaire, les éclatements d'obus autour de notre petit poste (25 *Sénégalais, commandés par un sergent*). Il ne peut être question d'aller le secourir; ce serait folie que de s'engager dans cette immense plaine de Séroudj avec des effectifs et des moyens aussi restreints que les nôtres; l'aventure pourrait tourner à la catastrophe. Nos âmes de soldat sont soumises à une bien pénible épreuve, mais la raison nous commande la résignation (1).

Le 25 avril, Chahim bey fait savoir aux Kitkanes qu'ils seront bientôt châtiés pour l'aide qu'ils fournissent aux Français; les réguliers kémalistes, avec leurs canons, et les bandes irrégulières vont aller chez

(1) Le petit poste français a tenu pendant deux jours, mais le 24 avril, au soir, il a dû se rendre; les Sénégalais, le chef de gare et sa famille ont été dirigés sur Séroudj, d'abord, et Ourfa ensuite; aucun mal ne leur a été fait. L'armement, les munitions, les approvisionnements et le matériel du poste et de la gare ont été pillés et vendus aux particuliers.

eux, ravager les villages et enlever les troupeaux. Nos amis sont très inquiets, déjà deux Kitkanes viennent d'être tués par des gens de Chahim bey et on nous demande protection.

Affaires des 26 et 27 avril. (Voir croquis n° 5.)

Le 26 avril, au lever du jour, la colonne quitte le bivouac d'Arab-Pounar et se dirige vers le sud, droit sur les campements kitkanes; les hommes sont allégés le plus possible et nous n'emmenons que des mulets de bât.

Nous suivons l'itinéraire Golmit, Yedi-Kouyou, Robi, Domouze.

A hauteur de Yédi-Kouyou, des groupes d'irréguliers tiraillent de très loin sur la flanc-garde de gauche; notre artillerie met en batterie et les disperse facilement. De l'autre côté du vallon de Méttellé, vers Karabi-Kurde, nous apercevons deux grosses colonnes qui marchent lentement vers le sud et le sud-est, presque parallèlement à notre direction de marche: il y a là des voitures, des cavaliers, des chameaux, des gens en uniforme sombre et des villageois en pantalon blanc; sans aucun doute, ce sont les réguliers turcs avec leurs canons et les bandes d'irréguliers de Chahim bey et d'Hatchim bey. Nous observons, tout en continuant notre marche; les deux colonnes progressent en assez bon ordre, éclairées en avant par des cavaliers; elles peuvent avoir 1.500 à 2.000 hommes chacune; la plus à l'ouest va se rassembler non loin de Kabri-Mouz; l'autre s'arrête un peu au sud de Karabi-Kurde; à la jumelle, on les voit s'installer au bivouac et décharger les chameaux.

Les sentinelles kitkanes ont aperçu notre colonne; elles ont averti le fils de Z... qui, au galop, vient au devant de nous; il confirme ce que nous pensions : c'est bien l'ennemi avec ses canons qui se trouve de l'autre côté de la plaine; hier, la cavalerie d'Hatchim bey a eu un engagement avec les postes kitkanes; il y a eu quelques tués de part et d'autre, mais l'ennemi, plus nombreux, a pénétré dans le campement de nos amis où il a razzié un troupeau de moutons et a pris, comme otages, une trentaine d'hommes, dont le frère de Z...

Nous arrivons à Domouze et passons par le col à l'est de la hauteur 700, pour aller ensuite bivouaquer un peu en arrière de la crête, entre Kilidjé-Viran et Bel-Viran; nous sommes à quelques centaines de mètres des campements kitkanes.

Notre position domine la haute vallée Arslan-Tache-Kazini; elle est facile à défendre; mitrailleuses et canons sont installés en des points favorables et des instructions précises, détaillées, sont données en vue de la surveillance et de la conduite en cas d'attaque. On aperçoit toujours l'ennemi en direction Kabri-Mouz, il n'a pas bougé de place et a allumé de grands feux dans ses bivouacs.

Z... a rejoint sa famille; nous allons lui rendre visite; nous trouvons sa tente envahie par des gens armés, mais lui n'est pas là. Son fils nous reçoit et nous prie d'excuser son père, qui cause en ce moment avec des émissaires d'Hatchim bey, mais qui ne sera pas long à nous rejoindre.

Nous attendons tout de même une bonne demi-heure; Z... arrive enfin, l'air un peu grave. Très à l'aise, cependant, il nous fait les honneurs de sa tente, mais ne nous dit rien de la conversation qu'il vient d'avoir avec nos ennemis. Lorsque nous prenons congé, il nous annonce qu'il va envoyer sa famille en lieu sûr, car, nous dit-il, elle ne l'est pas du tout ici;

déjà, des domestiques sont partis à la recherche de chameaux, ils reviendront demain, mais le déménagement ne pourra s'effectuer qu'après demain; on nous prie de rester jusque là pour protéger l'opération. Nous acceptons.

Le soir, on nous apporte sous notre tente tout un repas et notre étonnement est grand en voyant arriver le frère de Z..., que l'on croyait prisonnier d'Hatchim. Nous lui en faisons la remarque, il nous répond qu'il a été relâché, il y a deux ou trois heures, sur la demande faite par son frère aux émissaires d'Hatchim. Tout cela est, incontestablement, un peu bizarre.

Avant de nous endormir, nous visitons les postes; les officiers sont prévenus qu'il faut veiller ferme et recommandation est faite aux observateurs de nous prévenir sans retard au moindre indice qui pourrait faire supposer un déplacement des colonnes ennemies, lesquelles, pour le moment, sont toujours aux mêmes endroits, autour de leurs feux de bivouac dont le nombre a beaucoup augmenté.

La nuit se passe tranquillement; à 4 heures, les observateurs signalent que les colonnes ennemies semblent se mouvoir. Il ne fait pas encore bien jour; nous allons vérifier et, effectivement, nous apercevons les groupements turcs qui reprennent leur marche vers le sud, mais très lentement, comme en hésitant; nous voyons, d'autre part, de nombreux cavaliers barrer la vallée, à hauteur de Mezréa.

Les tentes sont pliées, les paquetages faits et chacun se porte à sa place de combat.

Z... vient nous dire que, des renseignements qu'il a reçus pendant la nuit, il résulte que nous allons être attaqués dans la journée. Il pensait déménager demain, mais il a réfléchi que si sa famille seule s'en allait, les autres campements de la tribu auraient encore plus à souffrir de ses ennemis; il restera donc au milieu des siens et il s'en remet à Allah pour le sort qui lui est réservé.

« S'il en est ainsi, répondons-nous, il est inutile que nous restions là; nous aurions volontiers protégé votre déménagement; mais puisque vous ne vous en allez plus, nous n'avons qu'à rentrer à Arab-Pounar.

» — Oui, nous dit-il, mais ne prenez pas le chemin de la plaine; les réguliers turcs y sont avec leurs canons et vous ne passeriez pas, car, avec les irréguliers, ils sont beaucoup plus nombreux que vous; mais il n'y a personne sur l'itinéraire que vous avez suivi hier, passez par là. »

Nos observateurs, en effet, n'ont rien remarqué d'anormal du côté de Domouze et de Robi; d'autre part, si nous devons être attaqués, il nous sera plus facile de nous défendre et de retraiter sur Arab-Pounar par les hauteurs que par le couloir Kazini-Keur-Pinar; d'autre part, en passant par les crêtes, on place le couloir entre l'ennemi et nous, ce qui permettra d'observer les mouvements de notre adversaire et d'éviter la surprise, toujours fatale, surtout dans notre situation actuelle.

C'est vers 6 heures que nous quittons nos emplacements de bivouac, nous prenons le dispositif habituel de marche : avant-garde, flancs-gardes, arrière-garde, cette dernière renforcée par une section de mitrailleuses. Nous franchissons ainsi le col à l'est de la cote 700 et notre tête arrive vers Domouze sans que l'ennemi, toujours en marche vers le sud, se soit aperçu de notre mouvement; il avait été recommandé, en effet, à la flanc-garde de droite de ne pas se montrer et de marcher sur les pentes ouest de la croupe Domouze cote 635, et non sur la crête même.

Vers 8 heures, une section de cette flanc-garde,

ayant mal interprété la recommandation faite, se profile sur la crête à hauteur de Tépé-Viran; notre adversaire l'aperçoit, s'arrête aussitôt et fait un brusque changement de direction, comme pour venir sur nous. Mais il se trouve vers Dibirck, à environ 8 à 10 kilomètres de nous, et il lui sera difficile de nous rejoindre.

La cavalerie turque (500 chevaux environ) se déclanche au galop; comme elle traverse la plaine, nous la voyons très bien se diviser en trois groupes qui se dirigent : celui de droite, sur notre front de marche; celui de gauche, sur notre arrière-garde; celui du centre, directement sur notre flanc droit; manœuvre qui vise à nous immobiliser pour donner au gros le temps d'arriver.

Ordre est donné à tous les éléments de notre colonne de retraiter par échelon, en combattant, et surtout de ne pas se laisser accrocher au point de ne pouvoir se dégager; la marche doit être rapide et les positions successives ne doivent être tenues que juste le temps nécessaire pour permettre le mouvement de l'échelon voisin; chacun sent, d'ailleurs, qu'il faut aller vite.

La cavalerie ennemie du groupe du centre a le tort de galoper en rangs serrés; nos obus d'abord jettent quelque trouble parmi eux, et nos mitrailleuses, ensuite, les arrêtent sur la petite croupe de Robi; ils font demi-tour, mais n'abandonnent pas la partie; ils vont renforcer le groupe qui opère contre notre arrière-garde. De ce côté, la cavalerie turque a pu atteindre la crête vers Domouze, après notre passage; elle harcèle vivement nos éléments de queue : ceux-ci retraitent par échelon, en ordre parfait, mais leur tâche est pénible; le décrochage de l'échelon le plus en arrière donne toujours lieu à une recrudescence de l'activité de l'adversaire qui manœuvre pour encercler; il faut répartir l'artillerie pour que chaque face attaquée puisse être soutenue par des canons.

Il n'est plus possible de conserver la batterie de 65 sous le même commandement. C'est par échelon de pièce qu'il faut agir; deux canons reçoivent, pour mission de protéger le repli de l'arrière-garde, une pièce tirant pendant que l'autre se déplace; un canon surveille notre flanc droit et le quatrième appuie la progression de l'avant-garde.

Sur notre front de marche, les cavaliers ennemis combattent également avec vigueur; ils font du combat à pied en utilisant remarquablement le terrain, mais dès qu'une de nos fractions s'approche d'eux, ils sautent sur leurs chevaux et s'en vont prendre position plus loin; aussi la tâche de l'avant-garde est-elle beaucoup plus aisée que celle de l'arrière-garde.

Sur le flanc droit, aucune menace nouvelle depuis le refoulement des cavaliers, mais l'artillerie turque s'est suffisamment rapprochée et elle nous arrose d'obus de plusieurs calibres, entre autres du 77 percutant dont les effets explosifs sont sérieux; heureusement pour nous, les artilleurs ennemis ne peuvent rectifier leur tir; ils n'ont pas d'observatoires puisqu'ils sont restés dans la plaine et, comme nous marchons à contre-pente, à l'ouest de la croupe 635, ils n'ont aucune idée sur les points de chute de leurs projectiles.

Notre retraite s'exécute donc en bon ordre, bien que nous soyons attaqués sur trois faces; nous marchons assez vite et les gros ennemis auront de la peine à nous rejoindre; notre flanc gauche est libre et si les circonstances voulaient que nous ne puissions continuer sur Arab-Pounar, il nous resterait encore la ressource d'incliner tout droit sur notre garnison de Djirablouse; mais, pour le moment, la situation ne l'exige nullement.

A 10 heures, nous sommes à 635; nous apercevons alors de nombreux chameaux, porteurs de fantassins, qui se dirigent de notre côté, mais ils sont encore à 5 ou 6 kilomètres de nous et, comme ils ne vont guère plus vite que des hommes à pied, leur manœuvre ne nous inquiète pas beaucoup; d'ailleurs, deux de nos canons exécutent sur eux un feu réussi qui jette la panique et retarde d'autant leur progression.

A l'arrière-garde, le combat est toujours très vif; cette face est renforcée par un peloton de la flanc-garde de gauche et une section de mitrailleuses, prise à la flanc-garde de droite qui ne craint pas grand chose pour le moment. Les cavaliers ennemis suivent de près nos éléments et profitent de toutes les occasions pour charger à la lance; quelques-uns viennent tomber sous nos coups à moins de 20 mètres de nos tirailleurs. Ces cavaliers sont appuyés dans leur action par des fantassins transportés en croupe par d'autres cavaliers et amenés sur les lieux mêmes du combat. A un moment, une section de mitrailleuses, qui s'est un peu attardée, est menacée d'enveloppement; sa situation est très critique, lorsqu'un canon de 65 exécute sur l'ennemi, à moins de 500 mètres, un tir rapide qui arrête l'assaillant et le fait rétrograder; nos braves mitrailleurs peuvent alors se retirer sans trop de difficultés.

Sur notre front de marche, la résistance est de plus en plus faible à mesure que nous progressons; elle cesse même tout à fait lorsque nous arrivons à hauteur de Kevrik; sur le flanc droit, nous voyons les chameaux qui portaient les fantassins arrêtés dans la plaine; l'ennemi a renoncé à son entreprise de ce côté. La lutte se continue encore à l'arrière-garde, mais avec moins d'intensité; nous pouvons alors accélérer notre marche et lorsque nous sommes à hauteur de Golmit, nous n'entendons plus rien; le combat a cessé de partout et nous apercevons les cavaliers et fantassins turcs qui rejoignent leurs gros vers Mezréa et Til-Hazar.

Nous nous arrêtons un peu pour souffler; il est midi; depuis 6 heures, nous marchons et nous nous battons sans un moment de répit; les hommes sont exténués, mais fiers de ce qu'ils viennent de faire; notre manœuvre en retraite a réussi grâce à l'énergie des officiers et des sous-officiers qui ont compris la situation et qui ont actionné leurs unités avec intelligence et fermeté, grâce aussi à notre admirable soldat qui, une fois de plus, vient de montrer des qualités exceptionnelles de courage, d'endurance et de discipline.

Nos pertes sont sensibles : 4 tués que nous ramenons, 2 autres, que l'arrière-garde, trop pressée par l'ennemi, n'a pu relever, et 12 blessés.

Nous rentrons à Arab-Pounar vers 14 h. 30. Au lieu de stationner, comme les jours précédents, à proximité de la gare, dans la vallée, où la défense laisse à désirer, nous transportons le bivouac à 800 mètres à l'ouest du poste, sur un plateau assez élevé, au-dessus de la plaine, d'où l'on voit parfaitement toutes les directions et où il sera difficile à l'ennemi d'approcher pour donner l'assaut. Au milieu du mouvement de terrain, se trouve une large dépression qui permet la répartition des animaux par petits groupes pour diminuer le plus possible les chances de pertes par les obus. Enfin, d'anciens tombeaux chrétiens, taillés dans le roc, pourront servir d'abris contre les bombardements ennemis. (Croquis n° 4.)

Un plan des travaux à exécuter est dressé par le

chef de bataillon Desanti, commandant le bataillon de tirailleurs, et, sans perdre de temps, on commence à creuser des tranchées et à organiser des fortifications; le travail est activement poussé par les officiers et les sous-officiers qui, souvent, mettent la main à la pâte. Les consignes sont expliquées à tous et des alertes de jour et de nuit sont souvent exécutées; un poste d'observation, avec binoculaire, est installé en un point favorable et le téléphone relie tous les P. C. En quelques jours, la position est rendue très solide, grâce au dévouement de tous; la confiance règne partout et chacun sent parfaitement que l'ennemi, avec ses forces très supérieures, ne pourra jamais rien contre nos retranchements.

Un messager du village de Z... nous apporte des renseignements sur ce qui s'est passé au campement kitkane après notre départ : Z... conseilla à ses hommes de ne pas partir et d'attendre les nationalistes, mais, craignant d'être faits prisonniers, les kitkanes se réfugièrent dans la montagne, tandis que les femmes et les enfants allèrent se cacher dans les grottes.

Hatchim bey se porta avec ses cavaliers au campement de Z..., trouva ce dernier seul sous sa tente, lui reprocha durement son alliance avec les Français et l'emmena prisonnier à Séroudj.

Le messager ajoute que les kitkanes restent toujours fidèles à la France.

Le 1er mai nous apporte une bonne nouvelle : la colonne de l'est est arrivée à Djirablouse, retour d'Aïn-Tab, où elle a infligé une sévère leçon aux kémalistes; elle se prépare à rejoindre Arab-Pounar.

On va enfin pouvoir agir avec force.

CHAPITRE IV.

COLONNE DE L'EST.

Deuxième période (4 au 12 mai 1920).

Le 4 mai, le groupement de l'Est se concentre à Arab-Pounar; il comprend :

1° La colonne venant d'Aïn-Tab (colonel Normand);

2° La colonne d'Arab-Pounar (lieutenant-colonel Andréa).

Le tout sous le commandement du colonel Debieuvre, soit :

Quatre bataillons d'infanterie;
Deux escadrons de cavalerie;
Une batterie de 65;
Une batterie de 75;
Une section du génie;
Une compagnie du train;
Une ambulance.

Les renseignements sur l'ennemi sont assez précis : 500 à 600 réguliers cantonnent à Séroudj et à Boz-Tépé; ils ont avec eux 3 ou 4 canons; un autre détachement de 400 à 500 réguliers, avec 2 canons, est en route d'Ourfa sur Séroudj. Le nombre des tchétés (irréguliers) peut être évalué à 3.000.

Le commandant de la colonne décide de marcher droit sur les cantonnements ennemis et ensuite en direction d'Ourfa. (Croquis n° 6.)

Le 6 mai, au matin, le groupement quitte Arab-Pounar et s'engage sur la piste de Séroudj; les villages auprès desquels nous passons sont en partie évacués, les quelques vieillards qui y restent encore viennent à nous avec des drapeaux blancs, protestent de leurs bons sentiments et nous donnent des renseignements contradictoires sur les emplacements et les forces de l'ennemi.

Notre cavalerie atteint Séroudj sans incident; mais, à quelque distance au delà de ce village, elle reçoit de nombreux coups de fusils, tirés par des irréguliers postés sur les tells des villages : Kara, Sumalk et Nazli-Mizar; notre artillerie entre en action, et les tchétés ne sont pas longs à se disperser.

La colonne entre à Séroudj où elle s'arrête un moment; c'est un gros village de 5.000 habitants, évacué ce matin même, sauf par trois ou quatre Turcs insignifiants; les habitations et les boutiques sont fermées; les autorités : caïmacan (chef d'arrondissement), commandant de la gendarmerie et chef de la justice, se sont enfuies dès qu'elles ont eu connaissance de notre marche.

La poste est fouillée, les dépêches saisies et les appareils enlevés; le konak est également visité, on y découvre des documents établissant la complicité des autorités avec les bandes; on y trouve aussi des approvisionnements, fusils, sabres, revolvers, baïonnettes, cartouches, grenades, que nous emportons.

A 12 heures, le groupement reprend sa marche sur Boz-Tépé; des rassemblements se voient nettement sur le tell du village; une section de 75 exécute un tir sur ce point et tout s'éclipse.

Nous voilà à Boz-Tépé, village qui ne nous a jamais été hostile et dont le chef, homme sage et cultivé, a toujours entretenu de bonnes relations avec nous; pour l'en punir, les nationalistes l'ont à peu près ruiné.

Ourfa
Sarimaghara
Khirbet Drej
DENAIS
Kara Euyuk
Sumalk
Aligueur
Kara
Nazli Mizar
Seroudj
Boz Tepe
Keghifer
Kara Euyuk
Ziaret
Harbeshish
Altmanik
Tell Kar
Sharan
KITKANES
Arab Pounar
651
Karab-Nias
Harran
Bardeke
Kul Tepe
Tel Abiad
Positions ennemies le 7 mai 1920
Echelle
0 5 10 15 20 K.

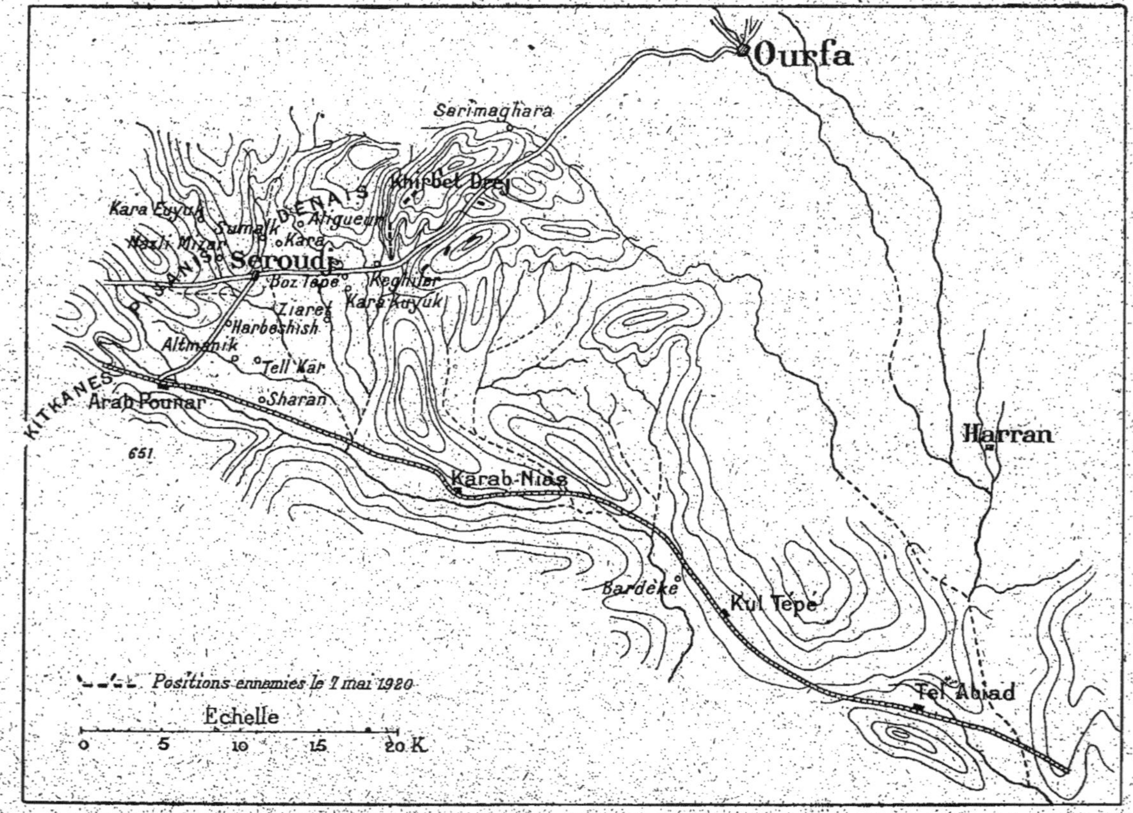

Croquis n° 6.

Nous apprenons que les réguliers turcs ont organisé défensivement le défilé de Khirbet-Drej, par lequel passe la route d'Ourfa; nous les attaquerons demain.

Manœuvre du 7 mai.

Un détachement de : un bataillon, un demi-escadron de cavalerie et une section de 65, reçoit pour mission de tourner le Khirbet-Drej par l'ouest, et de se rabattre ensuite par le nord sur la route d'Ourfa, pour y couper la retraite de l'ennemi, pendant que le gros du groupement attaquera le défilé de front et par le sud.

Le détachement quitte Boz-Tépé à 1 h. 30 et le gros à 4 h. 30. Celui-ci a un bataillon qui progresse par la route d'Ourfa et un deuxième en échelon avancé à droite, devant aborder les hauteurs sud du défilé. Enfin, le gros de la cavalerie opère à l'extrême droite avec mission d'empêcher la retraite des Turcs vers le sud et, si possible, vers l'est.

Avant d'arriver à Keghiler, les éléments avancés du bataillon du centre sont arrêtés par un feu très vif de mousqueterie et de mitrailleuses partant de la croupe située au nord-est du village, où les réguliers ont organisé de bons abris individuels. La batterie de 75 exécute sur leurs positions un tir très précis, mais sans réussir à les déloger complètement; nous avons devant nous de très bons soldats, disciplinés, courageux, bien commandés, qui tiennent sous le canon autrement bien que les bandes d'irréguliers; ils sont, d'autre part, soutenus par leur artillerie qui réplique à la nôtre avec de très bons obus.

Le bataillon de droite, appuyé par une section de 65, progresse et arrive à s'installer sur les hauteurs sud du défilé, menaçant ainsi le flanc gauche de la position ennemie. Les réguliers se décident alors à la retraite, partie sur Ourfa, partie vers l'est.

Notre détachement du Nord n'a pu exécuter entièrement sa mission; il s'est heurté, sur le Khirbet-Drej, à des forces ennemies bien retranchées, soutenues par du canon, qui ont résisté suffisamment longtemps pour empêcher notre petit groupement d'arriver à temps sur la route d'Ourfa, pour y couper la retraite des Turcs. Toutefois, l'ennemi a été fortement bousculé et a dû subir des pertes importantes en se repliant sous nos obus.

A 14 heures, nous sommes maîtres de toutes les hauteurs du défilé, notre adversaire est en pleine retraite; il ne peut être question de le suivre dans cette région dépourvue d'eau. Certes, il est bien tentant de pousser jusqu'à Ourfa, pour y punir les organisateurs et exécuteurs du massacre de Sarimaghara, mais nous ne possédons pas assez de moyens de transport pour emporter les six à huit jours de vivres qui nous seraient nécessaires; quant à se ravitailler sur place, il n'y faut pas compter, nous ne trouverions rien; nous savons, d'autre part, que les coupables ont quitté la ville, et nous donnerions un coup d'épée dans l'eau si nous y allions, sans y laisser ensuite une nouvelle garnison, ce qui n'est pas du tout dans les intentions du commandement.

L'ennemi vient de subir une défaite; aux yeux des populations, son prestige est gravement atteint; il avait proclamé partout qu'il nous chasserait avec ses canons; or, c'est lui qui a été chassé : notre mission est donc largement remplie.

Nous rentrons à Boz-Tépé dans l'après-midi, sauf la cavalerie qui reste sur les positions conquises jusqu'à la nuit.

Le 8 mai, le groupement retourne à Séroudj où il séjourne jusqu'au 10. Ces trois journées sont employées à faire des tournées de police dans les environs, spécialement vers Aligueur, Kara-Euyuk et Ziaret; partout la population se montre accueillante et exprime sa satisfaction d'être débarrassée des kémalistes. Les succès de la colonne ont une grosse répercussion dans les tribus kurdes qui, jusqu'ici, gardaient une neutralité froide, ou même nous étaient hostiles; les chefs viennent à Séroudj faire leur soumission.

Tous nous demandent protection et nous prient de laisser dans la région des canons et des forces suffisantes, pour empêcher le retour des réguliers turcs.

Ces dispositions des Kurdes ne peuvent étonner; ils n'ont jamais fait bon ménage avec les Turcs, dont ils se considèrent les ennemis, et, aujourd'hui que nous venons de manifester notre force, ils se retournent bien volontiers contre leurs oppresseurs de toujours.

Tout paraît donc bien aller pour nous, lorsque, le 11 mai, le commandant du groupement reçoit l'ordre de ramener sa colonne sans retard sur Djirablouse et ensuite sur Aïn-Tab, où notre garnison est, une fois de plus, attaquée par les réguliers kémalistes.

Du coup, c'est l'effondrement complet de notre politique en Mésopotamie; les nationalistes vont chanter victoire et les tribus kurdes vont nous tourner le dos pour se faire pardonner leurs velléités de rapprochement avec nous. Et contre cela, rien à faire; les états-majors tentent l'impossible pour faire face aux difficultés sans cesse renouvelées et de plus en plus nombreuses qui se dressent contre nous; la faiblesse des effectifs n'est que trop réelle et nos braves régiments du Levant, sans prendre le moindre repos, exécutent navette sur navette pour secourir les postes attaqués.

Cette existence mouvementée de nos admirables troupes, les fatigues continuelles qu'elles supportent, les privations qu'elles endurent souvent, leur manque total de bien-être, sont autant de choses qui sont acceptées avec bonne humeur, mais au moins sont-elles bien connues de la métropole et sont-elles appréciées comme il convient par nos compatriotes?

Le 13 mai, la colonne de l'Est fait route sur Djirablouse, laissant dans la région, sous le commandement du lieutenant-colonel Andréa, l'ancienne petite colonne d'Arab-Pounar qui va réoccuper ses fortifications et les consolider encore, certaine qu'elle est d'être attaquée à nouveau, à bref délai, par des forces très supérieures.

CHAPITRE V.

COLONNE D'ARAB-POUNAR.

Deuxième période (13 mai - 25 juin).

Comme il fallait s'y attendre, le départ du groupement de l'Est est largement exploité contre nous; le commandement turc fait répandre le bruit que nous n'avons plus de soldats, que nous n'en recevrons pas de France, qu'il nous est impossible de lutter contre les kémalistes et que, bientôt, nous serons obligés de quitter le pays.

Il fait appel à toutes les tribus pour l'aider à organiser une grosse force en vue d'attaquer la garnison française d'Arab-Pounar et de chasser « les chrétiens qui veulent exterminer tous les musulmans, pour s'emparer de leurs biens ».

Un chef indigène ami, qui malgré tout nous reste fidèle, nous fait dire que nous allons être attaqués, le 15 mai, par au moins 3.000 réguliers et irréguliers et 5 canons. Un autre chef indigène, fait prisonnier par les Turcs, il y a quelque temps, a été remis en liberté, après avoir versé une amende de 500 livres or et promis au commandant turc de couper la voie ferrée dans les environs de Siftek, afin d'interdire l'arrivée des secours français. Ce chef nous fait savoir, par un de ses parents, qu'il a dû faire cette promesse pour recouvrer la liberté, mais qu'il ne passera pas à l'exécution; il se met, au contraire, à notre disposition pour les dépêches que nous aurions à expédier sur Djirablouse; enfin, il nous avertit que nous allons être attaqués par de grosses forces.

ARAB-POUNAR
et ses Environs immédiats
Positions ennemies
Echelle approximative 1/40 000
vers Tel Abiad
vers Djirablousse
vers Seroudj et Ourfa
Réguliers
Irréguliers
Observatoire
Station d'Arab-Pounar (Poste)
Bivouac jusqu'au 27 avril
Huttes
Tell
Observatoire
ARAB-POUNAR (VILLAGE)
Marabout
Irréguliers
Etang
Bivouac à partir du 27 avril

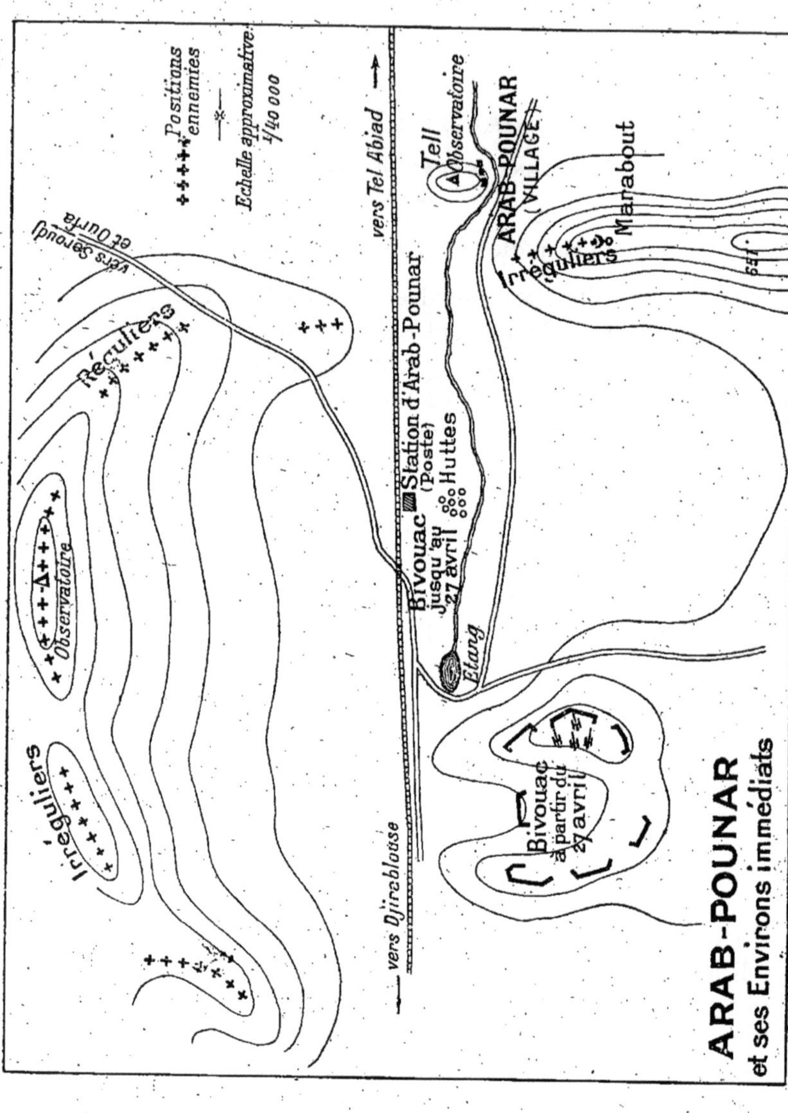

Croquis n° 7.

Le 14 mai, les observateurs signalent une circulation inaccoutumée dans la plaine de Séroudj; on aperçoit de forts groupes de cavaliers, des détachements de fantassins et quelques convois de voitures et d'animaux bâtés. Les réguliers ont réoccupé Boz-Tépé, leur quartier général, et pillé les Pijanis, pour les punir du bon accueil qu'ils ont fait à la colonne de l'Est. Le chef de cette tribu vient nous voir au cours de la nuit du 14 au 15; il nous demande de faire revenir la colonne française renvoyée sur Djirablouse, et alors ses guerriers, avec ceux des autres tribus kurdes, combattront avec nous pour chasser définitivement les kémalistes du pays. C'est toujours l'éternelle demande de protection, à laquelle nous ne pouvons malheureusement pas répondre, faute d'effectifs.

Affaire du 15 *mai* (Croquis n°s 6 et 7.)

A 8 heures, les observateurs signalent que des groupes importants de cavaliers et de fantassins sortent des villages et se concentrent en différents points de la plaine de Séroudj, principalement vers Ziaret; quelques moments après, on peut suivre, à la binoculaire, les évolutions de gros détachements qui exécutent une marche d'approche dans notre direction.

Le camp est alerté, les corvées sont suspendues et celles en cours rappelées, chacun se porte à sa place de combat; recommandation est faite de se dissimuler autant qu'on le pourra dans les tranchées ou derrière les fortifications, en ne mettant qu'un guetteur par groupe de combat; de laisser approcher l'attaque sans tirer jusqu'à environ 500 mètres de nos positions, et alors, à ce moment-là, d'exécuter sur elle un feu rapide avec toutes nos armes en ligne. Les officiers s'assurent que les groupes de combat ont bien compris, précisent sur le terrain les points au delà desquels il ne faudra pas tirer et vérifient les missions de flanquement des mitrailleuses.

Les mouvements de l'adversaire se dessinent nettement : les réguliers, au centre, marchent en ordre parfait sur deux lignes; la première est constituée par des tirailleurs très espacés; la deuxième, par des petites colonnes sur un rang; ils sont encore à plus de 5 kilomètres de nous; en arrière d'eux, vers le petit village de Tell-Kar, des animaux et des voitures (probablement d'artillerie) suivent lentement la progression. Ces groupes peuvent être évalués à 600 hommes environ.

A droite, un millier d'irréguliers, dont beaucoup de cavaliers, progressent en moins bon ordre et se glissent derrière les hauteurs nord d'Arab-Pounar. A gauche, d'autres forts détachements de tchétés prennent visiblement comme objectif la croupe 651.

Notre batterie de 65 tire à 5.000 mètres sur les réguliers; on aperçoit leurs petites colonnes s'écarter, sans précipitation, des points d'éclatement de nos obus, rester dans la même formation et continuer ensuite leur marche en avant; elles donnent l'impression d'être très disciplinées et parfaitement commandées. A un moment, elles disparaissent dans une dépression du terrain où nous ne pouvons plus les suivre.

L'artillerie turque, deux pièces, s'est mise en batterie à l'ouest de Tell-Kar, à 6.000 mètres de notre position; elle ouvre le feu sur nous avec des obus bien chargés qui produisent des effets semblables à notre 75; la batterie de montagne cherche à contrebattre, mais la distance est un peu grande pour elle, l'efficacité est par trop faible et le tir est arrêté.

Vers midi, deux autres canons turcs se dévoilent sur les collines nord de la gare, un troisième sur les hauteurs sud, et les cinq pièces ennemies concentrent leurs feux sur le camp. Ordre est donné à nos artilleurs :

1° De ne pas répondre, afin de ménager les munitions;

2° D'abriter le personnel du mieux possible, en ne laissant qu'un seul guetteur à chaque pièce. Et, pendant que les Turcs nous envoient balles et obus, tout reste silencieux chez nous.

L'encerclement de notre position est chose réalisée vers 13 heures; les réguliers sont établis sur la ligne Arab-Pounar et hauteur nord de la gare (observatoire); les irréguliers tiennent de ce dernier point jusqu'à la voie ferrée à l'ouest du poste, les fantassins sur les crêtes, les cavaliers dans la plaine; d'autres détachements, installés sur la croupe 651, ont poussé leur cavalerie jusqu'au sud de notre camp.

L'artillerie turque tire rageusement sur nous, par rafales, abattant les tentes restées dressées, tuant et blessant nos pauvres animaux qui, eux, n'ont pu être abrités, mais seulement répartis par petits groupes sur toute l'étendue du bivouac. Parmi les hommes, les blessés sont peu nombreux, en raison de la précaution qu'ils ont prise de se tapir dans le fond des tranchées; tout ce qui n'est pas sur la ligne de feu est réfugié dans les anciens tombeaux chrétiens qui ont été déblayés et dont quelques-uns peuvent contenir une vingtaine d'hommes.

Du fond de notre abri, nous comptons les coups reçus; à 14 heures, nous avons déjà encaissé 350 obus; à ce moment survient une accalmie; les guetteurs signalent le déclenchement de l'attaque, l'ennemi est à environ 1.500 mètres; rien ne bouge dans notre camp, conformément aux ordres donnés. Les Turcs sont surpris de notre immobilité, nous apprendrons plus tard qu'ils nous ont cru morts; ils s'enhardissent, et les cavaliers de l'ouest chargent au galop; mais, arrivés à bonne portée, les mitrailleuses crachent sur eux, en vitesse, en abattent quelques-uns et les autres font demi-tour et s'enfuient.

A l'est, les réguliers marchent sur le poste de la gare, ils s'en approchent par bonds parfaitement bien exécutés; les Sénégalais du poste, plus impatients que les Français et les Algériens du camp, tirent trop tôt; la batterie de 65 exécute alors sur les réguliers un tir rapide qui jette le trouble dans leurs rangs et les détermine à la retraite au bout de peu de temps.

Les irréguliers, qui occupent les crêtes nord et sud de la gare, essaient à leur tour une timide avance; mais ils sont vite arrêtés par nos obus et n'insistent pas autrement lorsqu'ils aperçoivent la retraite des réguliers.

Il est à noter que, pendant que s'esquissent les mouvements d'assaut, l'artillerie turque ne tire que très peu, mais elle prend sa revanche lorsque réguliers et irréguliers sont revenus à leur point de départ; elle bombarde alors à nouveau notre camp avec beaucoup de violence. A 16 heures, nous en sommes au chiffre de 424 obus reçus sur notre position; puis, brusquement, tout cesse, nous observons attentivement et nous voyons l'ennemi se retirer en direction de Séroudj; notre artillerie l'accompagne de son mieux aussi loin que possible.

Nos pertes sont légères : 9 blessés, tous peu grièvement d'ailleurs; les animaux sont assez fortement éprouvés : 12 tués, 19 blessés, 8 disparus. Ces derniers, ayant rompu leurs entraves, se sont enfuis dans la direction des lignes ennemies.

Cette dure journée a donné à nos hommes une grande confiance dans la solidité de notre position; on les entend, le soir, raconter comment ils ont fait faire demi-tour aux cavaliers ennemis, chacun en a « descendu » plusieurs et, si l'on en faisait le compte, on obtiendrait un chiffre fantastique. Quoi qu'il en soit, le moral est excellent et l'ennemi peut se représenter quand il voudra, il n'aura pas plus de succès.

Au plus fort du bombardement, un avion a survolé le camp et a jeté un message enjoignant au lieutenant-colonel Capitrel de rentrer à Djirablouse le plus tôt possible, pour être dirigé ensuite sur la 1re division, à laquelle cet officier supérieur appartient; le gros de la colonne restera à Arab-Pounar où sera organisée une base sur laquelle seront repliés ultérieurement nos deux postes de l'Est : Tel-Abiad et Kul-Tépé, que le commandement a décidé de supprimer.

L'ordre de rentrer à Djirablouse n'est pas commode à exécuter; dans les circonstances présentes, une forte escorte serait nécessaire et, d'autre part, on ne peut diminuer beaucoup la garnison d'Arab-Pounar. C'est dans le plus grand secret que nous décidons de partir dans la nuit du 17 au 18 mai, en emmenant une section de 65 et l'escadron de spahis qui n'est plus d'aucune utilité à Arab-Pounar et où son ravitaillement est difficile à assurer, les indigènes ayant l'ordre des nationalistes de ne nous fournir aucune denrée.

Le 17 mai à 22 heures, nous nous mettons en route, après avoir recommandé à tous le plus grand silence; à hauteur de Tell-Shehr, un coup de fusil est tiré sur nous, mais un seul, probablement par un gardien de village. A 6 kilomètres au delà de Siftek, au lever du jour, un groupe de cinq ou six indigènes nous envoie quelques balles et s'apprête à nous suivre, mais s'arrête bientôt devant la menace d'un peloton de spahis; nous poursuivons ensuite notre marche sans incident jusqu'à Djirablouse, où nous arrivons vers midi, après avoir parcouru cette longue étape de près de 40 kilomètres.

Après leur échec du 15 mai, les Turcs ont souvent annoncé de nouvelles attaques sur notre poste d'Arab-Pounar, mais sans jamais passer à l'exécution; ils n'ont plus canonné le camp; seule la bande de Chahim bey, à deux ou trois reprises, a tiré en direction de la gare, mais en se tenant prudemment à 2 kilomètres sur les crêtes nord, où elle a été maltraitée par notre artillerie.

Le 29 mai, nous apprenons qu'une suspension des hostilités, d'une durée de vingt jours, a été signée entre les kémalistes et nous; l'accord comporte, paraît-il, l'évacuation de notre part de certains territoires, entre autres la Cilicie, mais rien de précis n'est indiqué à ce sujet; il y est formellement stipulé, par contre, que les parties contractantes échangeront leurs prisonniers. Les Turcs ont entre leurs mains près de 200 de nos soldats, rescapés du massacre d'Ourfa et prisonniers de Karab-Nias; 50 nous sont remis à Arab-Pounar, le 11 juin, et 80 le 14; d'autres sont annoncés pour les jours suivants, mais c'est en vain que nous les attendons, les jours passent et personne ne vient plus; les nationalistes ont changé d'avis.

L'armistice prend fin le 18 juin; comme nos adversaires se sont arrêtés dans l'exécution des clauses, c'est que probablement ils veulent continuer les hostilités; on dit, d'ailleurs, dans le pays, qu'en signant l'accord, les kémalistes ont simplement voulu donner le temps aux paysans de rentrer leurs récoltes et aux collecteurs d'impôts de ramasser de l'argent. C'est bien possible, car ils espèrent toujours nous rejeter de Syrie, aidés par les Chérifiens avec lesquels ils sont en pourparlers d'alliance.

CHAPITRE VI.

ÉVACUATION DES POSTES DE L'EST.

1° Tel-Abiad — Kul-Tépé — Arab-Pounar (voir croquis n° 6).

Dès le 7 juin, la 2e division donne ses instructions pour l'évacuation de nos postes de Mésopotamie, Tel-Abiad et Kul-Tépé. Une colonne est organisée à cet effet à Djirablouse, mais elle ne peut se mettre en route que le 25 juin, en raison du refus, par le gouvernement chérifien, de laisser sortir d'Alep des wagons vides pour le transport de nos troupes. C'est vers le 20 juin que ce gouvernement revient sur sa décision et que les trains peuvent rejoindre notre base de Katma pour y embarquer hommes et ravitaillements.

Les instructions de la division recommandent :

1° De ramener le matériel militaire ainsi que celui de l'exploitation du chemin de fer et de remettre les gares à la garde des tribus amies;

2° D'éviter de donner aux opérations un caractère agressif et d'expliquer aux chefs de tribus kurdes que l'évacuation de nos postes est faite volontairement, dans le but de concentrer nos forces et nos moyens; qu'elle n'implique pas un abandon politique du pays et qu'elle répond, en outre, à l'esprit du traité de paix qui envisage la constitution d'un Kurdistan autonome.

Le 25 juin, la colonne, commandée par le lieutenant-colonel Andréa, est concentrée à Arab-Pounar, et dès le lendemain, elle se met en route sur Tel-Abiad. Elle comprend :

Deux bataillons de tirailleurs algériens (moins une compagnie laissée à la garde du camp d'Arab-Pounar);
Un bataillon de tirailleurs sénégalais;

Un escadron de spahis;
Une batterie de 65;
Une demi-batterie de 75;
Une section d'ambulance.

Deux trains remorqués chacun par deux locomotives transportent les ravitaillements et les bagages des unités. Un ingénieur et des équipes de la voie nous accompagnent pour réparer la ligne détruite en d'assez nombreux endroits; enfin, des wagons vides sont emmenés pour servir au chargement du matériel à transporter.

Les trains constituent le convoi; ils sont encadrés comme habituellement par une avant-garde, une arrière-garde et des flancs-gardes; une section de 65 est placée à l'avant-garde, une autre à l'arrière-garde; au centre, marchent la demi-batterie de 75, une réserve de deux compagnies d'infanterie et une autre de mitrailleuses.

Pour éviter les accidents qui pourraient se produire, en raison de la chaleur très forte à cette époque de l'année, la marche s'exécute, le matin de 3 à 10 heures, et le soir de 18 à 22 heures; les stationnements sont protégés par les faces de marche qui, le jour, serrent à 500 mètres sur les trains, et la nuit à 300 mètres.

Le 26 juin, de nombreuses réparations sont exécutées sur la voie; ce sont des ponceaux à refaire, des couples de rails à remettre en place, des éclisses à reboulonner, etc..., nous faisons à peine 15 kilomètres dans cette journée. Sur notre passage, nous trouvons la population calme, quelques villages nous ravitaillent en bétail et orge.

Le 27, nous passons à Karab-Nias, où se trouvait un de nos postes, enlevé par les bandes le 24 avril; le bâtiment est très endommagé du fait des obus turcs, la façade ouest est très largement échancrée, le toit n'existe plus; l'intérieur a été pillé; portes, fenêtres et meubles ont été enlevés. Après examen, nous nous rendons compte qu'il était difficile à notre section sénégalaise de tenir bien longtemps sous les projectiles ennemis, obligée qu'elle était de rester à l'intérieur du poste, le terrain environnant se prêtant mal à une bonne défense par tranchées.

Le 28, nous atteignons la station de Kul-Tépé occupée par 25 sénégalais commandés par un sergent français, ce poste a été attaqué plusieurs fois, mais jamais avec de l'artillerie, les murs sont criblés de traces de balles; la garnison, non ravitaillée depuis commencement avril, a dû se rationner depuis quelques jours.

Avant d'arriver à Kul-Tépé, l'escadron de cavalerie de la colonne essaye de surprendre le village de Bardéke, dont le mouktar est accusé d'avoir attaqué, il y a une quinzaine de jours, deux de nos aviateurs, forcés d'atterrir en cet endroit, par suite d'une panne de moteur; mais le village est désert, la carcasse de l'avion est retrouvée non loin des maisons. A Kul-Tépé, on nous confirme que nos deux compatriotes ont bien été attaqués après avoir atterri, et que l'un d'eux, ayant essayé de résister, a été tué, tandis que l'autre a été fait prisonnier et remis au caïmacan d'Harran, qui l'a dirigé sur Ourfa.

Le 29 juin, à la tombée de la nuit, nous arrivons à Tel-Abiad; nous y trouvons une garnison dont le moral ne paraît nullement affecté d'avoir ses communications avec l'arrière coupées depuis quatre mois; le commandant du poste, capitaine d'infanterie coloniale, homme énergique et brave soldat, a été sommé de se rendre à plusieurs reprises; attaqué, il s'est énergiquement défendu, et les assaillants n'ont jamais pu aborder les retranchements judicieusement tracés et solidement organisés autour de la gare; manquant de viande, le commandant du poste n'a autorisé l'enlèvement des récoltes se trouvant à proximité de ses positions, que contre remise de bêtes sur pied, payées d'ailleurs intégralement en bonnes livres or. Nous complimentons notre camarade et ses officiers, et nous lui remettons le texte d'une belle citation que le général commandant la division lui a décernée.

Le 30 juin, alors que l'on procède à l'embarquement sur les trains du matériel et des approvisionnements, nous recevons la visite de deux chefs importants de la grande tribu arabe des Anazehs, qui viennent soumettre des propositions de collaboration avec nous contre les Turcs. La tribu des Anazehs occupe un vaste territoire, assez désertique d'ailleurs, au sud du Bagdad, jusqu'à l'Euphrate; elle peut mettre en ligne 3.000 combattants, dit-on, mais elle est affaiblie par des divisions intérieures, provenant de trois chefs qui s'y disputent l'influence : X..., chef légal de l'ensemble de la tribu, mais qui en fait n'en commande qu'une partie; Y..., son cousin, homme intrigant, qui nous a offert ses services pour un prix que nous n'avons pas accepté; depuis lors, il s'est déclaré notre adversaire et c'est lui qui, le 27 avril, a attaqué la petite colonne d'Arab-Pounar (voir chapitre III); Z..., moins connu que les deux premiers, mais tout aussi influent.

X... s'est rangé à nos côtés dès notre arrivée en Syrie, ce qui lui a valu l'inimitié des deux autres; il nous a promis de surveiller la voie ferrée du Bagdad, pour empêcher qu'on ne la détériore et s'est offert pour protéger nos postes de la Mésopotamie. En réalité, il n'a rien fait de positif et il désire surtout qu'on le paye grassement.

Y... et Z... viennent au poste l'un après l'autre, dans le courant de l'après-midi; ils remettent par écrit leurs conditions de collaboration, qui nous paraissent exagérées, celles de Y... surtout; ils proposent de mettre sur pied un millier de guerriers auxquels nous assurerions une certaine solde par mois, mais leurs demandes ne s'arrêtent pas là; ils demandent pour eux-mêmes des sommes importantes que le commandement ne leur donnera certainement pas.

Nous leur disons que nous ne pouvons rien décider par nous-mêmes, mais que leurs propositions vont être envoyées aux généraux qui, seuls, ont qualité pour traiter et qui vraisemblablement répondront avant une quinzaine de jours.

Y... et Z... prennent congé et le lendemain matin nous les envoyons saluer à leurs camps par quelques officiers escortés de spahis.

Le 1er juillet, vers 16 heures, nous recevons un renseignement de nature à nous inquiéter : un détachement de 1.000 à 1.500 réguliers et plusieurs canons s'est concentré à Harran (20 kilomètres nord de Tel-Abiad) avec l'intention de nous attaquer demain matin au moment où nous nous mettrons en route; c'est donc que les Kémalistes connaissent l'heure de notre départ, et cela n'a rien qui puisse étonner, car nous sommes environnés de gens qui épient nos moindres mouvements.

Il serait fort désagréable pour nous que les locomotives des trains soient mises hors d'usage par les canons turcs et que nous soyions obligés d'abandonner ou de brûler les approvisionnements et le matériel que nous transportons. Comme tout est chargé, nous décidons de tromper l'ennemi en partant le soir même; les machines prennent de l'eau, se mettent sous pression et le départ est fixé pour 19 heures, mais l'ordre n'est communiqué à la troupe qu'à 18 heures.

A l'heure dite, la colonne et les trains quittent Tel-Abiad, la nuit très noire nous oblige à marcher lentement, nous atteignons Kul-Tépé le 2 juillet avant le jour; le chargement du matériel du poste commence aussitôt.

De nouveaux renseignements confirment et complètent ceux de Tel-Abiad : la colonne de réguliers d'Harran doit nous attaquer par derrière, nous harceler et nous pousser dans les gorges de Karab-Nias, défilé d'une dizaine de kilomètres de long, tandis qu'un autre détachement d'égale importance, formé à Séroudj, doit nous empêcher de déboucher dans la plaine, vers Arab-Pounar; les deux colonnes, manœuvrant alors ensemble, ont l'espoir de nous battre, de nous exterminer ou tout au moins de s'emparer du contenu des trains.

Le point d'attaque est très bien choisi; le long défilé de Karab-Nias se prête parfaitement à une action de ce genre; quant à nous exterminer, c'est un peu de prétention de la part des Kémalistes; les effectifs sont à peu près égaux de part et d'autre, mais notre adversaire est libre de ses mouvements, tandis que nous sommes rivés à nos trains; l'ennemi peut donc nous faire beaucoup de mal; il peut surtout nous causer des pertes importantes en matériel et approvisionnements, s'il réussit à endommager les machines.

Nous devions rester à Kul-Tépé pendant la journée du 2 juillet, mais, devant la situation qui nous est faite, nous décidons de partir dès que le chargement du matériel du poste sera terminé; d'ailleurs, vers 5 heures, nous recevons quelques obus ennemis; c'est la colonne d'Harran, qui, renseignée sur l'avance de notre départ de Tel-Abiad, s'est aussitôt mise en route et vient de nous rejoindre.

Pour le moment, on n'aperçoit encore que des cavaliers; l'artillerie turque tire au moins à 6 kilomètres; notre dispositif de protection est en place, l'arrière-garde est renforcée par une compagnie d'infanterie et un peloton de mitrailleuses du gros.

Un de nos avions, venu en liaison, explore les environs et signale que l'infanterie ennemie est encore à plus de 6 kilomètres. Il est 7 heures, les cavaliers nationalistes déclanchent une forte fusillade, mais sont facilement tenus en respect par nos obus et nos mitrailleuses.

A 8 heures, le chargement des trains est terminé; nous reprenons alors notre marche, l'artillerie s'arrêtant de position en position, pour protéger le mouvement; nous apercevons les cavaliers turcs envahir la gare de Kul-Tépé que nous venons de quitter; nous les y laissons s'engouffrer un moment et la section de 75 exécute ensuite sur eux un feu rapide d'une cinquantaine d'obus qui disperse dans tous les sens hommes et chevaux. Puis, nous perdons de vue notre adversaire, qui, probablement fatigué par sa marche de nuit, abandonne la poursuite.

La chaleur est extrêmement forte, la marche est très pénible; les hommes ont soif et il n'y a de l'eau nulle part. Nous arrivons aux gorges de Karab-Nias, les flancs-gardes progressent par les hauteurs du défilé; nous ne rencontrons rien de suspect et nous ne sommes toujours pas suivis par les réguliers d'Harran. Ce n'est qu'à 3 kilomètres avant d'arriver à la station de Karab-Nias que nous constatons la présence du détachement nationaliste de Séroudj; il ne nous envoie d'ailleurs qu'un seul obus qui tombe à quelques mètres de la première locomotive; les trains s'arrêtent et l'avant-garde attaque les éléments avancés de l'ennemi pendant que sa section de 65 canonne vigoureusement le gros.

La colonne turque se rend probablement compte que nous sommes bien tranquilles à l'arrière, et qu'elle est seule à nous attaquer, aussi, n'insiste-t-elle pas et se replie-t-elle rapidement vers le nord. Nous poussons alors jusqu'à la station de Karab-Nias, où nous arrivons vers 17 heures; les hommes sont très fatigués et surtout très altérés; les corvées d'eau se font dès l'arrivée et la soupe est mangée avant la nuit.

Il n'y a plus de danger bien apparent pour nous: nous avons semé en route les réguliers d'Harran; quant à ceux de Séroudj, ils ne paraissent pas très agressifs pour l'instant; toutefois, ils ne sont qu'à 7 ou 8 kilomètres de nous, sur les hauteurs qui dominent au nord la voie ferrée; ils nous observent et peuvent être renforcés d'un moment à l'autre par leurs camarades de l'est; d'autre part, nous apprenons par un indigène, qui nous est dévoué, que la population de la plaine de Séroudj, où nous allons passer, n'attend que le signal des réguliers pour tomber sur nous; une coupure importante a été pratiquée sur la voie ferrée, près de Sharan, pour nous arrêter, mais, d'autre part, nous savons par expérience que les villageois ne bougeront pas, s'ils ne sont pas soutenus par les canons turcs. La situation est donc bien nette : il ne faut stationner à Karab-Nias que le moins longtemps possible.

C'est à 22 heures que nous en repartons, les trains s'ébranlent sans que les locomotives aient sifflé; nous marchons jusqu'à la coupure de Sharan et nous nous mettons au travail pour rétablir la voie: la réparation dure deux heures, pendant lesquelles rien de suspect ne se révèle; nous poursuivons et arrivons enfin à Arab-Pounar, où nos trains se trouvent alors en pleine sécurité.

Les troupes de la colonne viennent de fournir un très gros effort; la distance entre Tel-Abiad et Arab-Pounar est de 63 kilomètres comptés sur la voie; en réalité, les hommes en ont couvert bien davantage en gravissant et redescendant les crêtes et en zigzagant dans tous les sens pour remplir leur mission; il faut tenir compte aussi que le trajet de Kul-Tépé à Karab-Nias s'est exécuté en plein jour, par une chaleur accablante.

Ces trente-quatre heures de marche, sans dormir, coupées à deux reprises par un arrêt employé, le premier à combattre, le second à faire de l'eau et à manger, constituent, pour nos braves troupiers, une performance digne d'être citée.

Le 3 juillet, nous recevons l'ordre d'évacuer aussi Arab-Pounar; c'est l'abandon de la rive gauche de l'Euphrate, imposé par la nécessité de regrouper nos forces, en certains points de la Syrie, pour faire face et lutter avec succès contre les contingents réguliers kémalistes et chérifiens, qui, de jour en jour, deviennent plus importants et plus entreprenants.

L'évacuation sur Djirablouse du poste d'Arab-Pounar et de la colonne qui revient de Tel-Abiad se fait par voie ferrée, au cours des journées des 3 et 4 juillet, sans autre incident que celui de quelques obus lancés par les Turcs, sur la gare d'Arab-Pounar, au moment où notre dernier train la quitte.

Le 5 juillet, tous les effectifs de la zone sont rassemblés à Djirablouse, sauf la compagnie sénégalaise de Biredjik, que nous ne tarderons pas à aller chercher.

2° Evacuation de Biredjik.

A peine arrivés à Djirablouse, un avion apporte l'ordre d'évacuer Biredjik. Nous avons là-bas un poste installé dans la partie sud de la ville turque, sur les bords mêmes de l'Euphrate; ce poste, assiégé en mars dernier par des bandes de Tchétés et débloqué par la colonne Normand, n'a plus été inquiété depuis, mais les relations entre la garnison et les autorités ottomanes sont loin d'être cordiales; la méfiance règne de part et d'autre, et nos Sénégalais ne quittent guère leurs bâtiments et leurs retranchements. D'autre part, le poste de Biredjik vient de perdre beaucoup de son importance, par suite du retrait de nos garnisons de l'est; ces considérations, ajoutées à celles du regroupement de nos effectifs, ont amené le commandement à supprimer encore ce détachement.

A cet effet, et pour aller recueillir notre petite garnison, une colonne est organisée à Djirablouse; elle comprend :

Trois bataillons d'infanterie;
Un escadron de spahis;
Une section de 75;
Une section de 65;
Un convoi d'une centaines de voitures, pour transporter le matériel du poste.

Comme il devient à peu près impossible de marcher le jour, en raison de la chaleur, la colonne se met en route le 6 juillet, à la nuit tombante, par l'itinéraire : Kelekti, Kertil, Kéfré (rive droite de l'Euphrate); le lendemain, à 4 heures, elle est en vue de Biredjik, son artillerie prête à agir sur la ville, en cas de complications.

Le poste se trouve sur la rive gauche; une barcasse vient nous prendre sur la rive droite et nous transporte de l'autre côté. Une lettre est adressée au caïmacan (sous-préfet) pour l'informer de nos intentions pacifiques et pour lui demander de mettre à notre disposition les barcasses et barques de la ville, afin de permettre le transport sur la rive droite du poste français et de son matériel.

Le caïmacan répond sans retard et très correctement; les barcasses viennent amarrer devant notre poste, où elles sont chargées; elles font la navette d'une rive à l'autre jusqu'à la fin de l'opération : vers 16 heures.

Repos jusqu'à 20 heures et nous reprenons ensuite la direction de Djirablouse, où nous arrivons sans encombre, le 8 juillet, à l'aube.

3° Evacuation de Djirablouse.

Djirablouse est un chef-lieu de zone important, mais qui n'a plus sa raison d'être maintenant, puisque nous n'avons plus personne sur la rive gauche de l'Euphrate. Ce n'est plus pour nous qu'un poste avancé. qu'il serait peut-être utile de conserver pour empêcher qu'on ne détruise le grand pont du Bagdad sur le fleuve, mais qui nous causerait bien des soucis pour le ravitailler et probablement pour le secourir. Enfin, comme des opérations d'assez grande envergure sont envisagées contre les Chérifiens, en vue de nous rendre maîtres d'Alep et de Damas, d'où nous viennent toutes sortes d'ennuis, le commandement prescrit l'évacuation de Djirablouse et le maintien de notre garnison de Sadjour, comme poste avancé de ce côté.

Evacuer Djirablouse n'est pas une petite affaire: nous y avons entassé des vivres, des munitions et du matériel de toutes sortes, approvisionnements encore grossis par tout ce que nous avons ramené des postes de Mésopotamie; c'est au moins 600 tonnes à enlever.

Cinq trains sont formés en gare et, dès le 8 juillet, le chargement commence, dirigé et surveillé par des officiers, le travail n'étant jamais interrompu, les corvées d'hommes se relayant et se reposant à tour de rôle. Tout est embarqué : matériel de la voie, mobilier de la gare, matériel militaire, literie, bancs, tables, portes, fenêtres, etc... ; il ne faut rien laisser, car, aussitôt après notre départ, constructions militaires et gare seront pillées en règle par la population et les Tchétés, bien heureux encore si elles ne sont pas incendiées.

Le chargement est terminé le 10 juillet, à 19 heures; les wagons sont pleins; c'est à peine si on trouve à placer, sur les cinq trains, le bataillon qui doit assurer l'escorte jusqu'à Katma.

Les autres troupes sont organisées en colonne qui fera mouvement par voie de terre; elles comprennent :

Trois bataillons d'infanterie;
Un escadron de spahis;
Une section de 75;
Une batterie de 65;
Une section du génie;
Une ambulance.

Le 10 juillet, à 21 heures, la colonne et les trains quittent Djirablouse; quelques minutes après, une dizaine d'obus turcs tombent sur la gare. La colonne suit l'itinéraire : Jahin, Duyunuk, Hulmen, Agtchi-Kouyouli; la piste est mauvaise, la nuit très noire, plusieurs voitures versent dans les fossés, quelques coups de fusil sont tirés sur l'arrière-garde par des isolés qui nous suivent jusqu'à Duyunuk. Nous arrivons à Sadjour le 11 juillet, vers midi; nous y retrouvons les trains qui déchargent des approvisionnements pour le poste. (Voir croquis n° 3, page 29.)

En exécution des ordres de la division, on procède

à la réorganisation du poste du Sadjour; son effectif est porté à deux compagnies; une pièce de 65 de montagne avec son personnel et un approvisionnement de 2.500 coups y est détachée, ainsi qu'un poste de T. S. F. et une infirmerie d'une douzaine de lits. Il est indispensable, en effet, de constituer fortement ce poste, d'une certaine importance au point de vue militaire comme au point de vue politique.

C'est notre poste le plus avancé de ce côté; c'est là que nous limitons notre recul; il faut que les kémalistes le sachent bien, et, en conséquence, la garnison doit être assez forte et assez bien outillée, pour qu'en cas d'attaque, elle puisse résister assez longtemps et permettre l'arrivée d'une colonne de secours. D'autre part, ce poste est bien placé pour faciliter le ravitaillement de la garnison d'Aïn-Tab; les trains peuvent aisément arriver jusqu'à la gare d'Agtché-Kouyouli et, de là, une bonne piste mène en deux étapes à Aïn-Tab, tandis qu'il en faut quatre par Killis.

Enfin, le poste du Sadjour est installé à un nœud de communications où se concentrent les renseignements apportés des régions travaillées par les nationalistes : Aïn-Tab, Nizib, Biredjik, Djirablouse, Menbidj; c'est une source qu'il ne faut pas négliger; aussi il y est détaché un officier du service des renseignements.

La réorganisation du poste, le tracé des nouveaux retranchements, la mise en train du travail, le débarquement des vivres et des munitions prévus pour la garnison sont terminés dans la journée du 12 juillet; le même jour, les trains repartent sur Katma, toujours escortés par un bataillon; le lendemain, la colonne se met elle-même en route sur Killis, où elle arrive le 14 juillet, et où elle est passée en revue et félicitée par le général de Lamothe, commandant la division.

CHAPITRE VII.

Colonne du Sadjour.

(Voir croquis n° 8.)

Comme il fallait s'y attendre, les Turcs n'ont pas tardé à attaquer notre poste du Sadjour; mis en goût par notre départ de Mésopotamie, de Djirablouse et de Biredjik, ils ont espéré et annoncé partout que nous évacuions le pays. Le renforcement de notre poste du Sadjour et les mesures prises pour sa défense les ont quelque peu déçus. « Puisque, ont-ils déclaré, les Français ne veulent pas se retirer de leur plein gré, nous allons les y obliger par la force. » Et, en effet, quelques jours après avoir quitté notre poste avancé, nous apprenions qu'il était attaqué par des kémalistes possédant des canons.

Les renseignements reçus indiquent que les forces ennemies s'élèvent à un millier de réguliers venant de Ras-el-Aïn, disposant de quatre canons, et renforcés par des contingents de tribus de Mésopotamie dont la force n'est pas connue; il existerait, en plus, à Djirablouse, deux régiments d'infanterie et une batterie de quatre pièces.

Une colonne de secours est organisée à Katma le 25 juillet; elle est commandée par le lieutenant-colonel Andréa; elle comprend :

Trois bataillons de tirailleurs algériens;
Un demi-régiment de spahis;
Une batterie de 75;
Une batterie de 65.

Deux trains de ravitaillement embarquent, à la gare de Katma, des vivres et du matériel pour le poste du

Sadjour, des vivres et une réserve de munitions pour la colonne.

La concentration se fait à la station d'Akterin, où les trains et la colonne sur route arrivent le 27 juillet. Comme, à partir de ce point, on entre dans la zone suspecte, les deux détachements marchent désormais réunis. Ils bivouaquent le 30 à Ayasch, où l'équipe de la voie répare une coupure. Au cours de la nuit, une

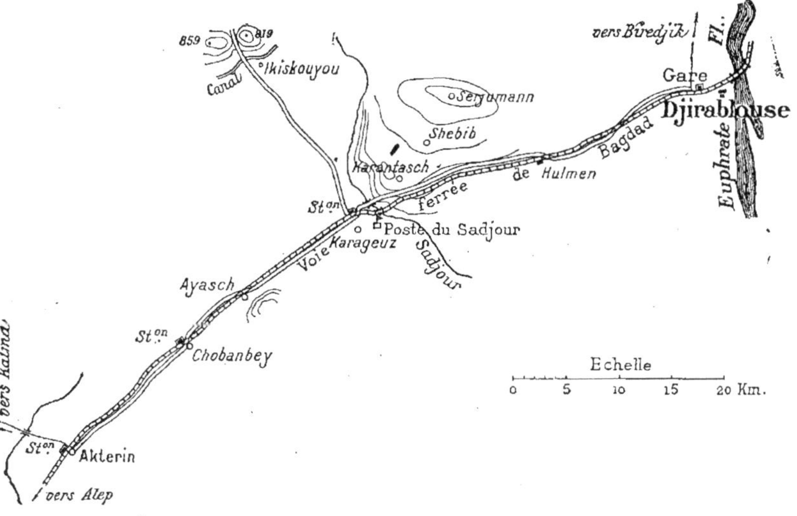

Croquis n° 8.

cinquantaine de coups de fusil sont tirés sur le bivouac sans faire le moindre mal.

Le 31, la marche est reprise à la pointe du jour. On aperçoit sur les crêtes est d'Ayasch des groupes de Tchétés qui sont facilement dispersés avec quelques obus de 75, et on arrive au Sadjour sans autre incident; le bivouac est installé entre la gare et le village de Karageuz, assez loin des crêtes nord, derrière lesquelles l'artillerie ennemie peut mettre en batterie.

Le commandant du poste, capitaine d'infanterie coloniale, vient en liaison; il indique que la garnison a été attaquée dès le 16 juillet et que, jusqu'au 28, l'artillerie turque n'a pas cessé de canonner le poste; 700 obus sont tombés sur la position; les dégâts ne sont, d'ailleurs, pas considérables, grâce à la solidité des retranchements, et les pertes sont de deux blessés seulement. Les Turcs ont tenté l'assaut à deux reprises; mais, à chaque fois, ils ont été arrêtés par les mitrailleuses. Ne pouvant rien contre le poste, ils se sont alors vengés sur le pont du chemin de fer, sur le Sadjour, qu'ils ont réussi à endommager sérieusement avec des explosifs.

Ils occupent actuellement la crête de Karantasch et les hauteurs à 1.500 mètres plus à l'ouest; ils ont creusé des tranchées que l'on aperçoit du poste; un renseignement d'un émissaire ami signale que les canons ont été retirés plus au nord, dès que les kémalistes ont eu connaissance de l'approche de notre colonne.

Demain, nous attaquerons les positions ennemies.

Journée du 1er août.

La manœuvre envisagée consiste en une menace frontale et en un mouvement tournant sur la droite ennemie; de la gare, on aperçoit fort bien le terrain sur lequel va se dérouler l'action; les commandants de bataillon, de l'artillerie et de la cavalerie y sont rassemblés, dans l'après-midi du 31 juillet, et chacun reçoit les instructions et précisions nécessaires pour l'accomplissement de sa mission du lendemain.

1° *Attaque frontale :*

Effectif : un bataillon, une demi-batterie de 75.
Objectifs : village de Karantasch et crête à 1.500 mètres plus à l'ouest.

Mission : fixer l'ennemi et permettre l'action du détachement chargé de tourner l'ennemi.

Recommandation : progresser prudemment au début et s'engager à fond, lorsque le canon se fera entendre à gauche.

2° *Mouvement tournant* :

Effectif : un bataillon, un escadron, une section de 65.

Itinéraire : vallée du Sadjour et dépression qui remonte vers Shebib.

Mission : prendre l'ennemi à revers et lui couper la retraite vers le nord.

3° *Diversion* sur la gauche turque par un escadron de cavalerie qui manœuvrera à l'est de Karantasch.

Les heures de départ des différents détachements sont fixées en fonction de leur mission; à 2 heures pour le mouvement tournant, 3 h. 30 pour le bataillon du centre, à 4 heures pour l'escadron de droite.

Le 1er août, la manœuvre s'exécute conformément aux dispositions arrêtées la veille; le détachement de gauche progresse par nuit noire dans la vallée du Sadjour sans rien rencontrer, mais il est éventé en remontant la dépression de Shébib; ce sont les chevaux des spahis qui, en hennissant, donnent l'éveil.

Le jour se lève; on aperçoit les Turcs fuyant en désordre vers le nord; la cavalerie ennemie (150 chevaux environ) protège cette fuite comme elle peut; l'escadron de spahis la charge, mais elle n'attend pas le choc et va rapidement se mettre à l'abri derrière les crêtes de Serjumann, deuxième position turque.

Cette position est vigoureusement canonnée par l'artillerie de 75 du bataillon du centre, laquelle a mis en batterie sur les crêtes à l'ouest de Karantasch; sous cette protection, les deux détachement manœuvrent contre la deuxième position ennemie, qui est abandonnée par ses défenseurs dès le commencement de la progression. Nous nous y installons et nos canons prennent sous leurs feux les colonnes nationalistes qui retraitent en hâte sur Djirablouse.

Il est inutile de pousser plus loin, l'ennemi se dérobera toujours et nous ne sommes pas assez mobiles pour espérer l'atteindre. Pour réussir à le capturer, ou tout au moins à lui faire subir de grosses pertes, il faudrait ici beaucoup plus de cavalerie que nous n'en possédons, ou, encore, il faudrait agir avec plusieurs fortes colonnes qui, partant de points différents, arriveraient peut-être à encercler les positions ennemies; les fortes colonnes nous font également défaut.

Dans l'après-midi, nous rejoignons le bivouac en ramenant une dizaine de caisses de cartouches, des caissettes de mitrailleuses, des fusils, des vivres, du matériel, des mulets bâtés et un troupeau d'une cinquantaine de bœufs que les Kémalistes, surpris, ont abandonnés.

Un avion apporte de nouvelles instructions; notre garnison d'Aïn-Tab est, une fois de plus, attaquée par des forces régulières turques importantes; ordre est donné à la colonne du Sadjour, qui va être renforcée, de se porter sans retard au secours d'Aïn-Tab. Mais le 3 août, on reçoit de meilleures nouvelles et le général commandant la deuxième division nous laisse libres de rester quelques jours encore au Sadjour, pour dégager de poste plus loin.

Nous partons le soir même sur Djirablouse, où par une marche de nuit (38 kilomètres), nous espérons surprendre la garnison turque.

Prennent part à cette opération :

Trois bataillons de tirailleurs algériens;
Une batterie de 75;
Une batterie de 65;
Une pièce de 155 (arrivée en renfort la veille);
Un escadron de spahis.

Afin de tromper l'ennemi, toujours si bien renseigné sur nos mouvements, l'ordre d'opérations indique une action « en direction d'Aïn-Tab », ce qui est très vraisemblable, étant donné les événements qui s'y déroulent.

La colonne est allégée le plus possible; interdiction formelle est faite de fumer et de causer pendant la marche de nuit; le dispositif habituel de protection est pris avec réduction des distances et intervalles, et renforcement de la flanc-garde de gauche la plus sujette à rencontrer l'ennemi en force; cette flanc-garde comprend un bataillon, une section de 65 et un peloton de cavalerie.

Le 3 août, à 22 heures, la colonne franchit le Sadjour, quelques coups de fusil sont tirés sur les premiers éléments de l'avant-garde, lorsque ces derniers arrivent à hauteur de Karantasch; ce sont des cavaliers que l'on entend se retirer au galop; petite escarmouche ensuite, à la pointe du jour, vers Hulmen, contre des cavaliers qui retraitent vers l'est.

Le 4 août, à 8 heures, nous arrivons à 1.500 mètres de Djirablouse; des irréguliers, au nombre de 200 environ, occupent la gare et les collines au sud; ils sont rapidement dispersés par notre artillerie. Sur la rive gauche de l'Euphrate, on aperçoit les colonnes de réguliers qui retraitent vers l'est; des émissaires viennent nous dire que les Kémalistes ont été prévenus de notre approche par des cavaliers qui nous surveillaient vers Karantasch : ce sont ceux qui ont tiré sur l'avant-garde.

L'artillerie turque s'est portée aussitôt de l'autre côté de l'Euphrate et les fantassins ont suivi : actuellement, il n'y a plus de réguliers de ce côté-ci du fleuve.

Quelques chefs de village viennent au bivouac nous demander de demeurer dans la région pour les protéger contre les Kémalistes et les Tchétés, qui les pillent et les maltraitent : nous les assurons que nous n'abandonnons pas le pays, mais que, pour le moment, il ne nous est pas possible de rester, car nous avons encore d'autres misssions à remplir.

Le 5 août, la colonne reprend la direction du Sadjour où elle arrive le lendemain dans la matinée; la chaleur est très forte et la marche du 3 août a fatigué assez sérieusement hommes et animaux.

DEUXIÈME PARTIE

CHAPITRE VIII.

DEUXIÈME COLONNE D'AIN-TAB (1).

Période du 9 août au 7 septembre 1920.

Un événement d'une importance considérable pour notre politique générale au Levant et d'un intérêt capital pour notre situation militaire, en particulier pour celle de la 2e division, s'est déroulé en Syrie pendant la deuxième quinzaine de juillet.

Afin de mettre un terme aux agissements et aux provocations du gouvernement chérifien, le général Gouraud, haut commissaire de la République en Syrie et commandant en chef l'armée du Levant, envoie à l'émir Faïçal, le 15 juillet, un ultimatum qui comporte, entre autres clauses, le libre usage de la voie ferrée Rayak-Alep et l'occupation par les troupes françaises de la grande ville d'Alep.

C'est pour appuyer cet ultimatum que la 2e division s'est créée des disponibilités en évacuant les postes de Mésopotamie et de l'Euphrate; mais la concentration des unités à peine terminée, il faut en distraire un assez grand nombre pour faire face aux menaces turques qui surviennent au Sadjour, à Aïn-Tab et plus à l'ouest, à Méidan-Ekbès.

Le commandement fait alors appel à la 4e division

(1) *Par deuxième colonne d'Aïn-Tab*, il faut entendre : deuxième colonne à laquelle nous avons participé; en réalité, il y a eu un plus grand nombre de colonnes dirigées sur Aïn-Tab, car notre garnison a été assiégée quatre fois.

du Levant et une colonne de trois bataillons, deux escadrons, cinq batteries comprenant des unités de deux divisions, le tout commandé par le général Goubeau est constitué à Katma le 21 juillet, en vue de procéder à l'occupation d'Alep, sous la direction du général de Lamothe.

Les autorités chérifiennes organisent ouvertement la résistance; le 15 juillet, le vali d'Alep fait allusion à une déclaration de guerre possible et proclame l'état de siège; les jours suivants, un décret ordonne la levée de plusieurs classes de bédouins; la population s'attend au déclanchement des hostilités, lorsque, le 21 juillet, l'émir Faïçal accepte l'ultimatum, mais l'ordre de résister aux troupes françaises n'en est pas moins donné aux troupes chérifiennes.

La colonne du général Goubeau n'a cependant pas à combattre pour occuper la ville; elle y procède le 23 juillet, et le général de Lamothe, commandant le territoire, y fait son entrée.

Cette occupation modifie très heureusement la situation militaire de la 2e division qui, jusque-là, a éprouvé les plus grandes difficultés pour se ravitailler; désormais, elle va pouvoir se servir de la voie ferrée qui la relie à Beyrouth à la grande satisfaction des unités en opérations dans le Nord syrien.

La question d'Alep liquidée, c'est à Aïn-Tab que va se jouer la grosse partie; les nationalistes attachent une grande importance à nous voir évacuer cette ville, laquelle est pour eux un centre de propagande très actif et une position stratégique de première valeur. Déjà, au cours des négociations du dernier armistice, ils ont insisté beaucoup, mais vainement, pour nous faire retirer notre garnison, plus au sud. A partir du milieu de juillet, on les voit exécuter des travaux de fortification, accumuler des munitions et entrer en pourparlers avec les Arméniens; visiblement, ils préparent des attaques sur nos postes.

Le 17 juillet, des ordres sont donnés aux commandants d'unités turques en vue d'une reprise prochaine des hostilités contre nous : le colonel Selahedine bey est nommé au commandement des territoires du sud dont Aïn-Tab fait partie, et le colonel Irfan bey à celui des troupes de la ville.

C'est le 29 juillet que se déclanche l'attaque; des démonstrations sont faites sur le collège américain et le réduit de la zone où se trouve le gros de nos forces et l'assaut est donné sur notre poste de la maison des spahis; il est brisé par nos feux, et, dès le lendemain, une bonne partie des forces nationalistes se porte dans la direction du sud-est, à la rencontre de la colonne de secours française organisée au Sadjour.

Cette colonne, dont la concentration est terminée le 3 août, est placée sous le commandement du lieutenant-colonel Andréa; elle comprend :

Quatre bataillons de tirailleurs algériens;
Un bataillon de tirailleurs sénégalais;
Une compagnie de fusiliers-voltigeurs et une demi-compagnie de mitrailleuses d'infanterie coloniale;
Une batterie et demie de 75;
Deux batteries de 65;
Une demi-batterie de 155;
Deux escadrons de spahis;
Une section du génie.
Une section de chars de combat;
Une section de munitions;
Une compagnie du train renforcée par des voitures et animaux de réquisition;
Une ambulance.

Au total, en chiffres ronds, 5.000 hommes et 2.000 animaux; colonne puissante qui va certainement rencontrer de la résistance, mais qui possède les moyens de la briser.

Sa mission est de dégager et de ravitailler Aïn-Tab, détruire ou, tout au moins, chasser les nationalistes de la région, obtenir la soumission de la ville, expulser les autorités kémalistes et pacifier la région entre le Sadjour, Aïn-Tab et Killis.

Dans ses instructions, le général commandant la division insiste sur la nécessité de frapper un coup décisif pour obtenir un résultat durable; il énumère les conditions à signifier à la ville, lorsqu'elle fera sa soumission, et fixe la conduite à tenir en cas de non-occupation. « Il sera procédé au bombardement de la ville, si cela est nécessaire, pour forcer sa volonté; les objectifs seront judicieusement choisis : maisons des chefs kémalistes, points spécialement occupés par l'ennemi, etc... En aucun cas, il ne sera tiré sur les mosquées et les établissements religieux et charitables; le bombardement sera exécuté par périodes successives, précédées chacune d'une sommation et le feu n'étant ouvert qu'après un délai suffisant. Il ne faut pas perdre de vue les principes directeurs de notre politique de pacification; ne se laisser aller à aucune nervosité, ne pas oublier que nous devons rester à Aïn-Tab, et qu'en conséquence il ne faut pas nous aliéner la population musulmane, dont une partie nous est favorable. Cela n'exclut, d'ailleurs, ni l'énergie ni la fermeté. »

Marche sur Aïn-Tab.

(Voir croquis n° 9.)

Le départ de la colonne est fixé au 9 août au matin. L'ordre de mouvement, les détails d'organisation des divers détachements et services, le dispositif de marche, la mission de chaque fraction, les considérations générales et particulières qui devront nous guider

Croquis n° 9.

dans le combat et dans notre action politique vis-à-vis de la population, sont minutieusement étudiés au cours d'une réunion des commandants de bataillon, de la cavalerie, de l'artillerie et des chefs de services.

L'ordre de mouvement est ci-dessous résumé :

I. — *Dispositif de marche* :

a) *Avant-garde* : un bataillon de tirailleurs algériens, une demi-batterie de montagne; un peloton de cavalerie; une section du génie; une section de chars de combat, ayant comme soutien une compagnie d'infanterie coloniale.

b) *Flancs-gardes* : même composition pour l'une et l'autre, savoir : un bataillon, une demi-batterie de montagne, un peloton de cavalerie;

c) *Arrière-garde* : deux compagnies et un peloton de mitrailleuses; une demi-batterie de 75, un peloton de cavalerie;

d) *Gros* : état-major de la colonne, un peloton de cavalerie, une compagnie d'infanterie et deux sections de mitrailleuses, une batterie de 75, une demi-batterie de 155, la section de munitions, l'ambulance, le convoi.

Ce dernier comprend plus de 400 voitures et un troupeau d'un millier de bœufs et de moutons; il est divisé en sept sections commandées chacune par un officier; une compagnie sénégalaise et un peloton de mitrailleuses en assurent la police.

e) En outre, il est constitué un détachement de manœuvre comprenant un bataillon, une demi-batterie de montagne et un peloton de cavalerie, marchant sur un des flancs du gros, à 200 ou 300 mètres de lui, et toujours prêt à se porter sur un point plus particulièrement tenu ou menacé.

II. — *Itinéraire* : piste du Sadjour à Aïn-Tab, par Ikiskouyou.

III. — *Ravitaillement* : la colonne emporte dix jours de vivres; les trains régimentaires se compléteront tous les deux jours, la viande fraîche sera distribuée chaque jour.

IV. — *Liaisons* : pendant les routes et le combat, un agent de liaison monté, autant que possible officier, est détaché auprès du commandant de la colonne par les bataillons, la cavalerie et le convoi.

Chaque jour, après la route ou après le combat, réunion des commandants de bataillon, de la cavalerie, de l'artillerie, du convoi, du chef du service de santé, et de l'officier de ravitaillement au P. C. du commandant de la colonne, en vue d'examiner ce qui a été fait dans la journée et de préparer les opérations du lendemain.

Communications avec la division par avion et pigeons.

Remarques sur le dispositif de marche.

1° Les flancs-gardes sont dotées d'artillerie, afin de leur permettre de s'éloigner du gros, jusqu'à 4 ou 5 kilomètres, si le terrain ou la situation le demandent; elles doivent alors pouvoir mener un petit combat avec leurs propres moyens; en tout cas, il leur est recommandé de ne pas se laisser entraîner hors du rayon d'action de l'artillerie du gros.

2° L'arrière-garde possède également de l'artillerie, d'abord pour soutenir des attaques qui viendraient de l'arrière et ensuite pour coopérer à la défense des flancs du convoi, vers l'arrière, car le gros et le convoi couvrent une longueur de plus de 6 kilomètres, et l'artillerie du gros, placée en tête, ne pourrait guère intervenir utilement en faveur des éléments de queue, si besoin était.

3° Le détachement de manœuvre a été constitué en vue de missions spéciales que pourraient réclamer un mouvement tournant, par exemple, ou une attaque en force sur l'une des faces de marche.

Journée du 9 août.

La colonne quitte le bivouac à 3 heures; aucun incident ne se produit jusqu'à Ikiskouyou, où l'avant-garde met en fuite une quarantaine de cavaliers ennemis installés sur les hauteurs nord du village; le bivouac est formé entre ces hauteurs et le canal.

La réunion des chefs de détachement se fait, avant la nuit, un peu à l'ouest de la cote 819, d'où l'on aperçoit très bien le terrain d'action du lendemain; c'est d'abord une grande plaine d'une dizaine de kilomètres de long sur autant de large, que la route d'Aïn-Tab partage du nord au sud, à peu de chose près, par le milieu; cette plaine est bordée au sud, par les collines 819-859, sur le flanc sud desquelles nous bivouaquons; au nord, par les hauteurs 853-Néfak-Kichriz-Mazmaz; à l'ouest, par les collines de Kutchuc Malla (à 5 kilomètres de l'itinéraire que nous suivons) et à l'est, par les fourrés de la vallée du Sadjour (même distance de notre route).

L'ennemi occupe les hauteurs au nord de la plaine, sur un front de 8 kilomètres; nos renseignements sont moins précis, en ce qui concerne les collines ouest et les fourrés au Sadjour, mais certains indices font supposer que ces points sont également tenus; on peut donc engager le convoi dans la plaine avant d'avoir chassé les Turcs de leurs positions de l'Est et de l'ouest. En conséquence, nous exécuterons demain, 10 août, la manœuvre suivante :

1° La flanc-garde de gauche piquera droit sur les hauteurs de Kutchuc Malla, progressera par les crêtes, traversera le vallon de Keurkun, abordera le plateau de Kichriz et poursuivra ensuite en direction d'Aïn-Tab jusqu'à la croupe qui domine la ville au sud; départ du bivouac : 3 h. 30.

2° La flanc-garde de droite se dirigera sur le Sadjour par le sud de Chovideïn, procédera au nettoyage des fourrés, en remontant la vallée, abordera ensuite la hauteur 853 et poussera sur la croupe nord de Pierki; départ : 3 h. 30.

3° L'avant-garde quittera le bivouac à 4 heures, progressera à cheval sur la route et prendra comme premier objectif la hauteur ouest de Néfak.

4° Le gros suivra l'avant-garde à un kilomètre, son artillerie en tête.

Combat du 10 août.

1re phase. — Nuit tranquille, les différents détachements quittent le bivouac aux heures fixées; la flanc-garde de gauche est vivement prise à partie, avant même le lever du jour, par des mitrailleuses et un canon installés sur les hauteurs de Kutchuc-Malla; dès qu'il fait un peu clair, l'artillerie de la flanc-garde et celle du gros exécutent une bonne préparation sur les positions ennemies, pendant que nos tirailleurs en gravissent les pentes. Craignant l'abordage, les Turcs se retirent bientôt abandonnant sur place leurs obus et une caisse pleine de cartouches de mitrailleuses.

La flanc-garde, poursuivant sa mission, traverse le vallon de Keurkun, et, sous la protection de son artillerie, gravit les pentes au nord, arrive sur le plateau sud de Kirchriz, dont elle enlève les retranchements, oblige l'ennemi à la retraite, lequel laisse une vingtaine de cadavres, s'arrête alors et s'organise, attendant que le gros de la colonne ait traversé la plaine.

La flanc-garde de droite éprouve de sérieuses difficultés pour progresser dans les fourrés du Sadjour dans lesquels se sont glissés de nombreux Turcs qui, disséminés et cachés, gênent beaucoup la progression de nos tirailleurs; toutefois, la compagnie de tête arrive à prendre pied sur 853, où elle s'immobilise un peu longuement pour attendre le gros de la flanc-garde, qui marche lentement.

Sur notre axe de marche, les hauteurs de Néfak sont solidement occupées par l'ennemi, la menace que devait exécuter la flanc-garde de droite par 853 n'est pas assez vigoureuse; l'avant-garde, énergiquement commandée, pousse alors résolument en avant, appuyée par sa propre artillerie et par celle du gros. Les Turcs exécutent des feux de mousqueterie très vifs sur nos tirailleurs, mais leur tir, trop plongeant, ne fait pas beaucoup de mal.

IIe phase. — La flanc-garde de gauche reprend sa progression et par son mouvement sur Kichriz menace la retraite des Turcs sur Aïn-Tab; nos adversaires, comprenant le danger qu'ils courent, abandonnent leurs tranchées et se retirent en vitesse vers le nord poursuivis par les feux des éléments avancés de l'avant-garde qui viennent d'atteindre le bord du plateau.

Pendant toutes ces actions, l'artillerie ennemie n'a tiré qu'une dizaine d'obus.

Les hauteurs sont en notre possession, le convoi serre alors sur l'entrée du défilé de Néfak, s'y engage et se dirige sur Nurghane, pendant que la flanc-garde de gauche atteint sans incident la croupe sud d'Aïn-Tab, où elle s'organise, et que celle de droite s'installe sur la crête nord de Pierki. L'avant-garde pousse au delà de Nurghane, jusqu'au débouché du défilé sur les jardins d'Aïn-Tab, établit ses avant-postes face à la ville; le convoi se rassemble à proximité de Nurghane et l'arrière-garde prend position à 2 kilomètres au sud du village où elle intercepte la vallée du Sadjour et la route que nous venons de parcourir.

La chaleur est accablante, la troupe est fatiguée et il n'est pas possible de procéder à l'encerclement d'Aïn-Tab avant la nuit; ordre est envoyé de suspendre le mouvement et de bivouaquer sur place.

La flanc-garde de gauche a pu communiquer avec la garnison d'Aïn-Tab: le lieutenant-colonel Abadie, commandant la zone, nous expédie un courrier qui renseigne sur les positions ennemies et sur l'aide que pourra nous donner sa troupe; une manœuvre est montée, en conséquence, pour le lendemain.

Comme à Ikiskouyou, la réunion des commandants d'unités se fait en un point permettant de découvrir le terrain; le but à atteindre dans la journée du 11 est l'encerclement de la ville, pour y retenir et y enfermer le plus possible de combattants turcs; à cet effet, les missions suivantes sont distribuées :

1° Au détachement réservé, lequel, jusqu'ici n'a pas encore donné, et qui, pour la circonstance, voit son effectif porté à un bataillon, une batterie de 65 et un escadron de cavalerie : franchir la ligne des avant-postes à 3 heures, se porter à la faveur de l'obscurité dans le vallon de Gueulludgé, pousser ensuite, par les ravins, sur le Deulluk-Baba, s'y installer et intercepter toutes les communications entre la route de Marache incluse et la piste de Beyler-Beylié également incluse;

2° A la flanc-garde de droite : suivre le détachement réservé, prendre position sur les croupes 2 kilomètres nord de la ville, intercepter les communications entre la piste de Beyley-Beylié exclue et la route de Nizib exclue;

3° A l'avant-garde : s'avancer par les jardins le plus près possible de la ville et interdire les communications entre les routes de Nizib et celle du Sadjour, toutes les deux incluses;

4° A la flanc-garde de gauche : s'emparer tout d'abord des hauteurs : maison du cheik et orphelinat anglais, s'organiser sur le plateau d'Aïn-Tab et interdire les directions de ce côté;

5° La garnison d'Aïn-Tab (un bataillon sénégalais, une compagnie de voltigeurs et une demi-compagnie de mitrailleuses d'infanterie coloniale) prendra à sa charge le secteur compris entre la route de Marache exclue et celle de Killis incluse.

Chaque chef de détachement repère sur le terrain l'itinéraire qu'il doit suivre et, en rentrant au bivouac, met ses officiers et sous-officiers au courant de la mission.

Combat du 11 août. (Croquis n°s 9 et 13.)

La nuit est marquée par une fusillade presque ininterrompue jusqu'à l'aube, partant de la maison du cheik et dirigée sur les fractions d'avant-postes installées face à la ville, à l'entrée des jardins.

Le 11 août, la manœuvre s'exécute aux heures prévues. L'avant-garde s'infiltre dans les jardins, elle est bientôt arrêtée par des mitrailleuses turques installées dans les retranchements creusés aux lisières de la ville et sur la hauteur de la maison du cheik; les éléments de queue glissent alors sur la droite et vont tenir le col de la route de Nizib; le détachement est ainsi en place pour remplir sa mission d'interdiction.

Sur le plateau du Marabout (sud d'Aïn-Tab), ainsi nommé à cause du tombeau d'un chef religieux turc qui y est enterré, la hauteur de la maison du cheik et l'orphelinat anglais sont fortement occupés; la flanc-garde de gauche a pour mission de les enlever. Le premier objectif est la maison du cheik, entourée de retranchements solides; une batterie de 75 vient s'installer sur l'éperon est du plateau et commence son tir, mais les obus n'ont que peu d'action sur la redoute ennemie; il est alors fait appel à la demi-batterie de 155, qui, en quelques coups bien placés, fait une brèche dans le retranchement et jette l'affolement chez l'adversaire, lequel s'enfuit, au plus vite, vers la ville, par de petits ravins que notre 75 arrose; on peut évaluer à 200 le nombre d'hommes que nous voyons ainsi sortir de l'ouvrage. Une compagnie de tirailleurs de la flanc-garde de gauche, préalablement placée pour l'assaut, se porte sur la position ennemie, où elle ne trouve que des cadavres, des munitions et des vivres.

C'est maintenant au tour de l'orphelinat anglais; nos canons font un bond en avant, vont mettre en batterie sur la croupe même de la maison du cheik et font subir le même sort à l'orphelinat. Une fraction de tirailleurs s'y précipite et, là encore, l'évacuation est complète; on trouve des cadavres, une mitrailleuse intacte avec ses munitions, dix-huit fusils, des caisses de cartouches et des provisions de bouche.

Au nord de la ville, la flanc-garde de droite ne trouve pas de résistance; elle s'installe sur les croupes qui lui ont été désignées pour remplir sa mission.

Le détachement réservé arrive à Gueulludgé sans combattre, mais, sur les pentes est de Deulluk-Baba, sa compagnie d'avant-garde se heurte à 200 irréguliers bien retranchés, que la batterie de 65 du détachement canonne, et qui, devant une menace de flanc d'une de nos fractions, sont pris de panique et fuient en désordre par les ravins descendant vers Deulluk. Notre petite colonne continue sa progression vers le sommet de la hauteur; à un moment, elle aperçoit une batterie turque en retraite sur le chemin de Kara-Heuyuk, nos canons de 65 sont vite en position et jettent le désordre dans la batterie ennemie.

Le bataillon continue à monter; il atteint le sommet du Deulluk-Baba; il voit alors, entre lui et la route de Marache, un détachement d'artillerie turque qui retraite précipitamment sur Samkeui; deux compagnies de tirailleurs s'élancent dans la direction, livrent un combat corps à corps avec les réguliers turcs dont quelques-uns sont tués, les autres se sauvent abandonnant un canon avec ses neuf mulets de pièce et de munitions. C'est le couronnement de la journée. Il est 11 heures et l'encerclement est maintenant chose faite : la garnison d'Aïn-Tab, par ses points d'appui permanents, le collège et la ferme des spahis, ferme le secteur ouest.

Toutes les missions données la veille ont été exactement remplies. Le convoi passe alors librement par une piste contournant au sud la maison du cheik et va bivouaquer sur le plateau du Marabout, aux emplacements qui lui sont fixés; les pièces de 75 et de 155 font de même; le commandant de l'artillerie établit immédiatement son plan de feux, de façon à battre les directions dangereuses, Marache, Beyler-Beylié, Nizib, le Sadjour; les signaux à employer pour le déclanchement des barrages pendant la nuit sont communiqués aux bataillons, et sur toutes les positions, on commence à s'organiser; enfin, l'arrière-garde reçoit pour mission de protéger, face au sud, le convoi et les batteries.

Les pertes de la journée sont relativement faibles : 3 tués, 12 blessés.

Vers midi, l'état-major de la colonne rejoint le lieutenant-colonel Abadie commandant la zone et la garnison d'Aïn-Tab, la sommation ci-après est aussitôt envoyée au mutessarif.

SOMMATION.

I. — Le traité de paix qui a été signé avec la Turquie place Aïn-Tab sous le mandat français.

II. — Son Excellence, le mutessarif d'Aïn-Tab, les fonctionnaires et notables turcs de la ville et le commandant des troupes nationalistes d'Aïn-Tab sont invités à venir à l'état-major français, aujourd'hui 11 août avant 17 heures (heure française), pour y faire leur soumission.

III. — En cas de refus, la ville d'Aïn-Tab sera bombardée par obus de gros calibre.

A 16 heures, le mutessarif nous fait remettre la réponse ci-après :

I. — J'ai reçu votre avertissement vers 15 heures.

II. — Je ne savais pas que la ville d'Aïn-Tab était mise sous le mandat de la grande nation française, par décision de la conférence de la paix; il est donc nécessaire que vous allongiez le délai jusqu'à ce que nous en recevions officiellement l'ordre, et après, votre demande sera exécutée.

III. — Nous sommes persuadés que la civilisation française ne consentira jamais à lancer des obus sur les vieillards, femmes et enfants, les déclarations de M. Millerand en sont une preuve; il a affirmé que les Français ne feront, en Orient, aucune opération à coups de canon.

Signé : Sabri Bey Mutessarif.

Devant cette réponse dilatoire, le bombardement commence à 18 heures par concentration de feux sur les points importants des fortifications turques.

Au cours de la nuit du 11 au 12, des détachements nationalistes essaient de forcer le blocus en deux endroits : au nord, sur la piste du Rum-Kalé, au sud, vers la maison du cheik; les deux attaques sont repoussées.

Du côté ouest, les Turcs occupent la partie de la ville arménienne qui fait face aux réduits de la zone et du collège américain; ils tirent, ainsi, à courte distance sur nos positions, et gênent beaucoup les corvées et la vie en général des postes de la garnison.

Au cours des précédents sièges, les Arméniens ont lutté à nos côtés contre les Turcs, mais l'armistice que nous avons conclu en juin avec les nationalistes les a fortement mécontentés. Ils ne sont, d'autre part, pas certains que nous resterons à Aïn-Tab, et la peur des représailles de la part de leurs oppresseurs, après notre départ, leur fait garder, cette fois, une neutralité que notre politique leur conseille d'ailleurs.

Mais, malgré cette neutralité déclarée, les combattants turcs ne se sentent pas en sécurité en ville arménienne, surtout depuis l'arrivée de la colonne française; ils craignent que les Arméniens ne changent d'avis, et, par prudence, abandonnent leurs retranchements de ce côté, pour aller se fortifier à la lisière ouest de la ville turque, séparée du quartier arménien par une large et longue rue nord-sud, que nous appellerons « transversale ».

Devant cette nouvelle situation, les Arméniens réoccupent leurs anciennes fortifications de l'autre côté de la transversale, mais sans esprit agressif. Nous leur demandons, d'ailleurs, de continuer à observer la neutralité, tant que les nationalistes resteront chez eux; mais, il est entendu qu'ils s'opposeront par la force à toute tentative sur le quartier arménien, et qu'ils nous renseigneront aussitôt, pour que nous puissions les aider et les soutenir.

Le retrait des Turcs de la ville arménienne permet, enfin, aux postes de la garnison de vivre à peu près normalement et non pas toujours dans des tranchées ou derrière des murs, comme ils l'ont fait depuis le commencement de ce siège.

Toutefois, sur le plateau du Marabout où les services de la colonne sont concentrés, et où, en conséquence, la circulation est assez importante, il faut bien faire attention de ne pas passer en vue de la ville turque, car l'on est tout de suite rappelé à l'ordre par le sifflement des balles.

Le service des renseignements recueille quelques indications intéressantes que voici :

a) La défense de la ville est divisée en deux secteurs :

Zone nord, sous le commandement du capitaine de l'armée régulière, Mouharem bey;

Zone sud, sous celui du lieutenant Arslan bey.

On travaille avec activité au renforcement des fortifications autour de la ville.

Un bataillon de réguliers se trouve dans Aïn-Tab; ce sont deux de ses détachements, qui ont essayé de forcer le blocus pendant la nuit dernière.

b) Les notables, fonctionnaires et officiers se sont réunis au Konak (préfecture) dans la nuit du 11 au 12 août, sous la présidence du mutessarif; ils ont discuté sur la situation et décidé de ne pas se soumettre; un nationaliste enragé, Férid effendi, a été nommé président du Comité national, et comme première mesure, on a décrété l'enrôlement de tous les hommes en état de porter les armes.

Le 13 août, une deuxième sommation est envoyée aux autorités turques qui n'y répondent pas; le bombardement est alors continué dans les conditions prescrites.

× ×

Mais il faut penser au ravitaillement de la colonne; les dix jours de vivres emportés au départ du Sadjour, mènent jusqu'au 19 août; pour en avoir d'autres, il faut aller les chercher à deux étapes, à la gare d'Agtché-Kouyouli, soit deux jours pour aller, un jour pour le chargement, deux jours pour le retour, au total cinq jours; le départ du convoi est, en conséquence, fixé au 15 août.

Mais il faut aussi escorter ce convoi, et cela n'exige pas moins de deux bataillons, une batterie et un escadron; c'est un minimum indispensable pour protéger, en pays troublé, un convoi de 5 kilomètres de développement.

Ce prélèvement, sur les forces de la colonne, affaiblit beaucoup la solidité du blocus; pour maintenir l'investissement, nous sommes obligés d'évacuer le Deulluk-Baba, de rapprocher de la ville le détachement qui l'occupe et d'étendre son front vers l'est jusqu'à la piste de Kum-Kalé. Le mouvement s'exécute le jour même du départ du convoi; une heure à peine après avoir quitté le Deulluk, nous y sommes remplacés par une force turque importante.

Aïn-Tab. — La citadelle sous la neige.

Le 16 août, l'artillerie kémaliste se révèle vers 1043 (nord-est d'Aïn-Tab); elle envoie une trentaine d'obus sur le bataillon qui tient le col de la route de Nizib; on apprend, d'autre part, qu'un groupement nationaliste, fort de trois bataillons et d'une batterie d'artillerie, stationne à Beydir-Keuï (16 kilomètres nord d'Aïn-Tab); enfin, un poste optique turc, installé au marabout de Beyler-Beylié, communique avec la ville pendant la nuit. Un escadron de spahis envoyé en reconnaissance au sud de la route de Marache est bien reçu à Ibrahimli, mais il reçoit des coups de fusil un peu plus loin, à Sparteren.

Toutes ces choses sont autant d'indices d'une attaque prochaine; les Turcs choisissent bien leur moment, ils nous savent affaiblis par le prélèvement des troupes d'escorte du convoi.

Le 17 août, vers 8 heures, les observatoires signalent des infiltrations, vers nos lignes, de fantassins ennemis venant des crêtes 1043 et du col Beyler-Beylié; ils disparaissent dans le vallon de Geulludjé; notre artillerie exécute sur eux quelques tirs au jugé, mais s'arrête en raison du peu d'obus disponibles.

Vers 12 heures, une autre infiltration se produit en direction d'Ibrahimli et du col de la route de Marache, et, pendant l'après-midi, l'artillerie turque tire sur tout le front nord avec des obus de petits calibres, et avec du 105 sur les réduits de la zone, du collège américain et de la ferme des Spahis; l'attaque est imminente.

C'est au commencement de la nuit, vers 20 heures, qu'elle se déclanche sur tout notre front, au nord de la ville, entre la route de Marache et la piste du Sadjour; la fusillade est très vive de tous les côtés. L'artillerie exécute les barrages demandés par l'infanterie, mais son action ne peut être bien forte, en raison de l'étendue du front et du petit nombre de nos canons.

Du secteur nord-ouest, les renseignements arrivent bons; les assauts ennemis sont brisés devant nos lignes; ils se reproduisent plusieurs fois jusqu'à l'aube sans plus de succès.

Il n'en est pas de même au nord-ouest et spécialement à l'est, vers le Sadjour; de ce côté, nos unités ont à faire face à la fois aux assaillants venant de l'extérieur et à ceux sortant de la ville; celles installées sur les hauteurs tiennent bon, mais celles des jardins sont submergées par le nombre et obligées de se retirer sur les collines au nord et au sud pour éviter l'encerclement.

La brèche est ouverte, le blocus est percé; les nationalistes de l'extérieur pénètrent dans la ville, et pendant une partie de la nuit ce n'est qu'un va-et-vient continuel dans les jardins, d'où partent des appels à Allah et parfois même des chants.

Il est intéressant de relater ici un incident qui montrera combien un commandant de troupes doit se méfier des renseignements qui lui sont apportés au cours d'un combat de nuit :

L'adjudant-major du bataillon tenant le secteur nord-ouest vient au P. C. du commandant de la colonne vers 22 heures; il explique l'attaque turque en faisant un tableau très sombre de la situation de son unité, mais sans donner des précisions. Cet officier est prié de retourner s'enquérir sur place des pertes éprouvées et du dispositif actuel du bataillon; une ou deux heures après, il revient avec le capitaine mitrailleur du même bataillon, qui, lui, a tout vu.

Le tableau est bien plus sombre encore; la moitié de l'effectif est par terre (tués et blessés), l'autre moitié est enlevée ainsi que la compagnie d'infanterie coloniale qui tenait les jardins; seule la demi-batterie de montagne affectée au secteur a pu être sauvée et ramenée à la maison du cheik. Dans les détails, la précision est encore plus grande : le capitaine X... est tué. On a entendu le capitaine Y... crier : « En avant, à la baïonnette », et son fourrier, qui a pu s'échapper de la bagarre, est venu affirmer la fin héroïque de son commandant de compagnie.

Devant des précisions pareilles, une vive inquiétude gagne les officiers présents à l'entretien, et tous, cependant, estiment que, tout de même, il est bien difficile d'anéantir, en deux ou trois heures, un groupement de cinq compagnies.

En tout cas, on ne peut rien tenter avant le jour : il n'y a pas de réserve disponible et il fait une nuit très noire, sans lune, qui empêche de se rendre compte de la véritable situation.

A l'aube, l'état-major se rend à la maison du cheik, d'où l'on aperçoit bien le terrain de la lutte; le calme est complet, on n'entend pas un coup de fusil et rien ne bouge devant nos jumelles. Pourtant, on aperçoit des têtes sur le sommet nord du col de Nizib, on en découvre d'autres sur des crêtes moins éloignées; des groupes de tirailleurs paraissent bien tranquilles sur l'éperon est de la piste de Kum-Kalé. Tout cela est bien rassurant. Et voilà un coureur qui apporte un compte rendu : « Combat très violent sur le front de la compagnie pendant la première partie de la nuit; l'ennemi a essayé de forcer nos lignes, il a été repoussé. Pertes : néant. — Signé : capitaine X... (celui qu'on disait tué). »

Un peu plus tard, on apprend que le reste du bataillon se trouve toujours sur ses positions, et que la compagnie coloniale, qui a dû quitter les jardins, submergée par le nombre, y est revenue à la pointe du jour, à peu près intacte. Enfin, un appel, fait dans

Croquis n° 10.

Aïn-Tab (La ville turque). — Vue prise du nord.

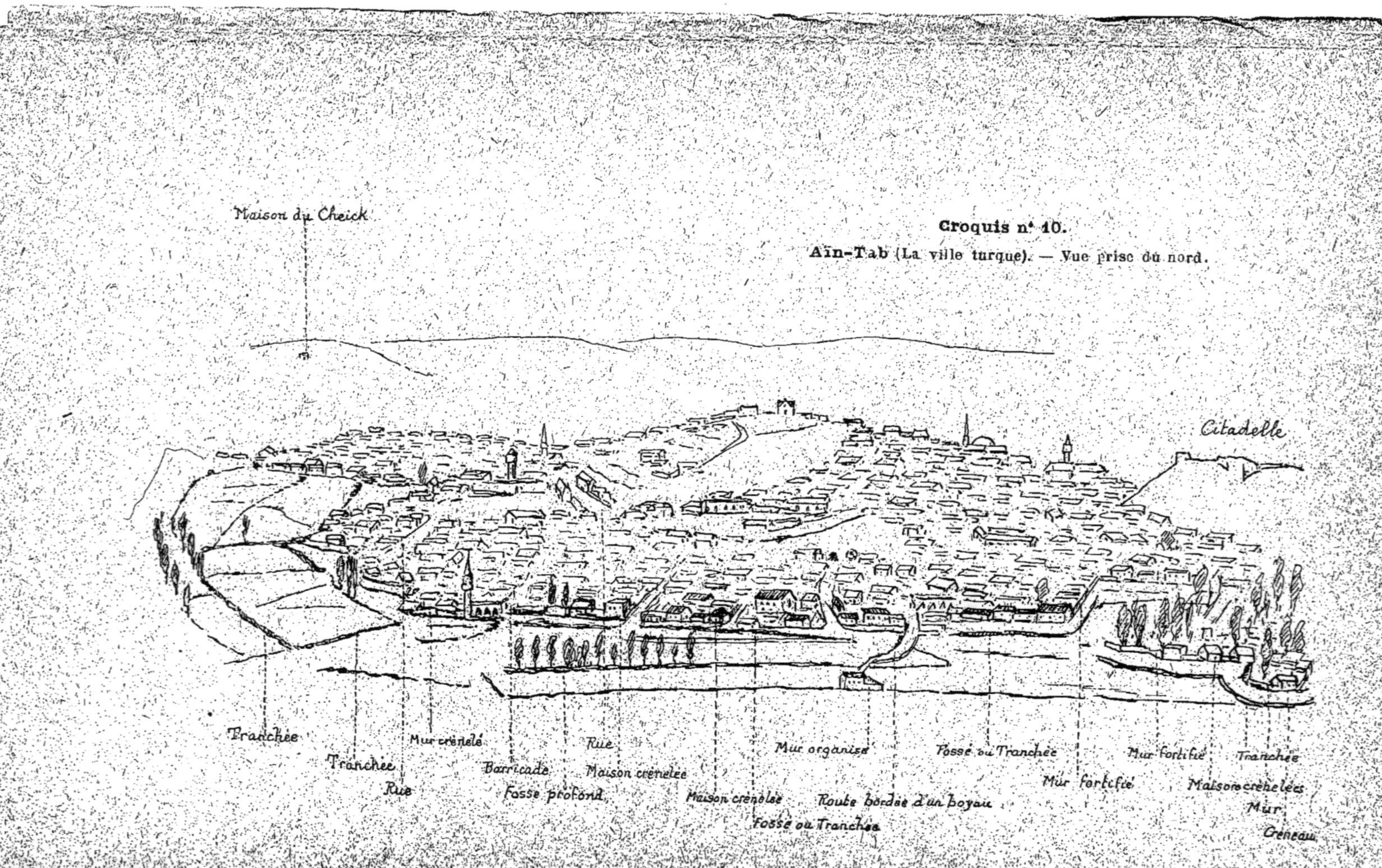

la journée dans les unités, donne comme résultats : 2 tués, 2 disparus et 6 ou 7 blessés.

Cet incident indique bien qu'il ne faut pas toujours accueillir comme vrais en tous points les renseignements recueillis la nuit.

Les combats de nuit sont toujours très impressionnants, et ceux qui y assistent ont tendance, malgré eux, à pousser les choses au tragique; cela s'est vu bien souvent sur le front français, et, en définitive, les combats de nuit sont généralement moins meurtriers que ceux livrés le jour.

Dans le cas particulier, les cris sauvages poussés par les Turcs pendant leurs assauts et après la percée du blocus ont impressionné plus fortement encore les officiers dont il est question ci-dessus, et c'est avec une entière bonne foi qu'ils sont venus renseigner le commandant de la colonne.

Il n'en est pas moins vrai que le blocus est rompu; le dernier combat prouve bien que nos forces sont insuffisantes pour encercler la ville; reprendre l'investissement et insister encore serait s'exposer à de nouvelles aventures qui pourraient être beaucoup plus graves, car les forces nationalistes s'accroissent journellement par l'arrivée de renforts et l'enrôlement forcé des villageois de la région.

Il est en conséquence décidé de concentrer toutes les unités de la colonne sur le plateau du Marabout (sud d'Aïn-Tab), en attendant les renforts qui sont demandés au commandement le jour même.

Les ordres de repli sont aussitôt donnés, l'exécution commence vers 10 heures, le décrochage ne se fait pas sans difficulté; il est bien appuyé par notre artillerie, mais l'ennemi montre beaucoup de mordant; les troupes du secteur nord-ouest se replient en

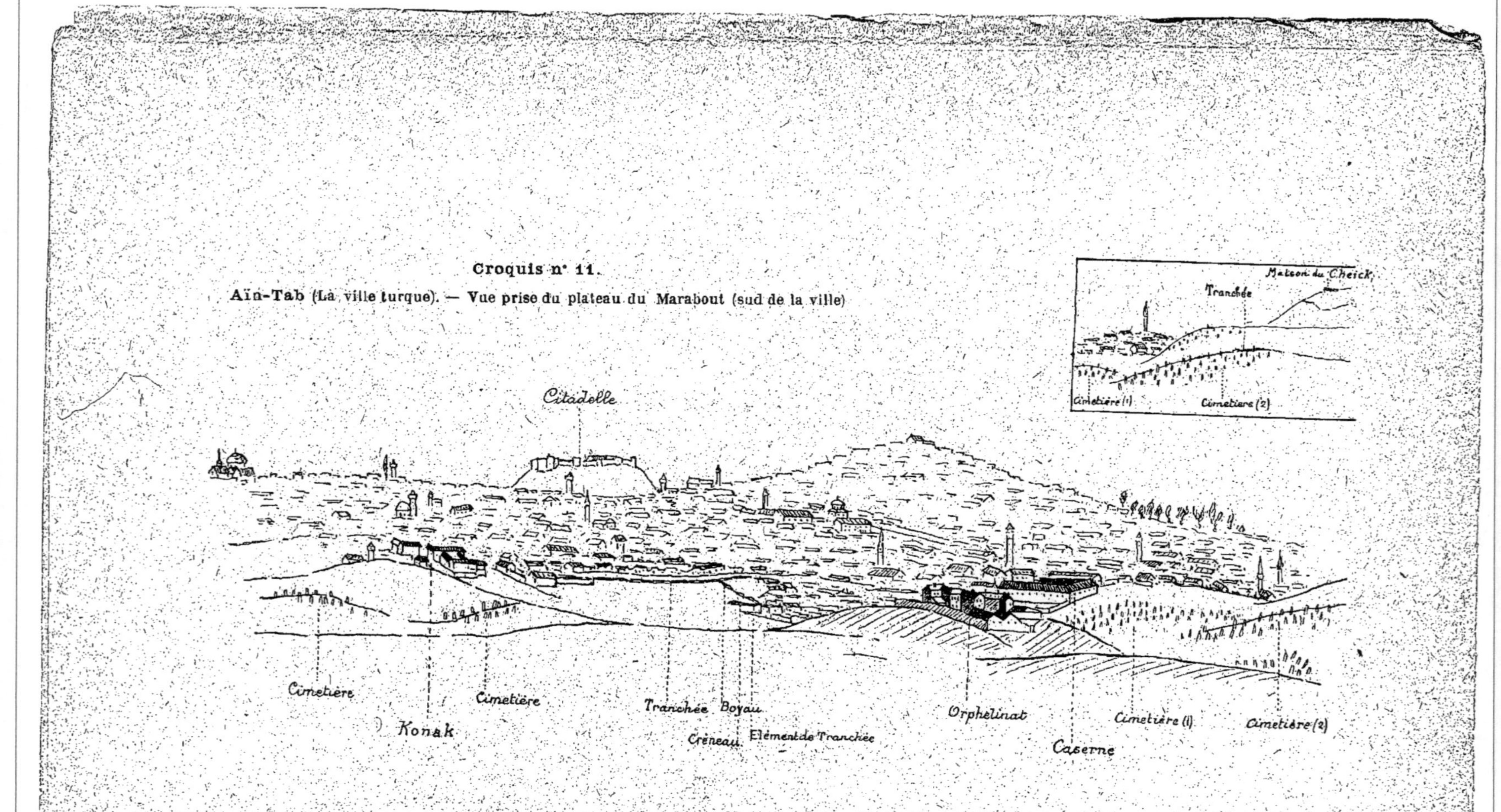
Croquis n° 11.
Aïn-Tab (La ville turque). — Vue prise du plateau du Marabout (sud de la ville)
Citadelle
Cimetière
Konak
Cimetière
Tranchée
Boyau
Créneau
Elément de Tranchée
Orphelinat
Caserne
Cimetière (1)
Cimetière (2)
Maison du Cheick
Tranchée
Cimetière (1)
Cimetière (2)

très bon ordre, bien que soumises à une fusillade ennemie ininterrompue.

A l'est, le mouvement est appuyé par un bataillon de Sénégalais, envoyé sur les lieux pour rétablir la liaison entre les unités disloquées par le combat de nuit; ce bataillon est assez éprouvé par le feu des mitrailleuses turques, mais le repli s'exécute tout de même bien, et, vers 16 heures, toutes nos forces se trouvent réunies sur le plateau sud d'Aïn-Tab, surveillant les directions de Killis à l'ouest et celle du Sadjour à l'est. Sur chaque emplacement, on commence à se fortifier en creusant des tranchées où cela est possible et en construisant des murs partout ailleurs.

Le lendemain, l'église latine est occupée par une section sénégalaise qui reçoit pour mission de battre les jardins ouest de la ville, d'empêcher toute circulation de ce côté et de s'opposer à une attaque turque sur la partie nord de la transversale. Le long de cette rue, Arméniens et Turcs occupent respectivement leurs fortifications, gardant la neutralité, mais c'est pour prévenir des complications et empêcher toute surprise sur le flanc arménien qu'une section est envoyée à l'église latine.

Le 18 août, dans la matinée, une reconnaissance de cavalerie envoyée sur la route de Killis ne peut dépasser le col nord de Kutchuk-Kizil-Hissar (4 kilomètres ouest d'Aïn-Tab), des détachements irréguliers tiennent les crêtes voisines.

Le même jour, au cours de l'après-midi, le 105 turc tire une trentaine d'obus sur le collège américain, les bâtiments de la zone et la ferme des Spahis.

Le 19, le convoi de ravitaillement est attendu à Aïn-Tab; afin de l'aider à traverser les défilés Néfac-

Nurghane, un détachement de deux bataillons, un escadron, une demi-batterie de 75, va occuper les hauteurs nord de la plaine de Sazguine; il déloge de 853 (est de Néfak) un groupe de 200 Tchétés (irréguliers) et disperse avec son artillerie, près d'Ourum-Evlic, une fraction de même importance accompagnée de deux canons.

Lorsque les premières voitures du convoi sortent du défilé de Nurghane et pénètrent dans les jardins d'Aïn-Tab, elles subissent un feu nourri de mitrailleuses turques, postées dans les rochers des crêtes ouest d'Ourum-Evlic; notre artillerie les repère et les arrose pendant que l'un des bataillons d'escorte gravit les hauteurs nord-est de Nurghane pour les prendre de flanc. Les mitrailleurs turcs se replient, le convoi passe alors en toute tranquillité et va rejoindre ses emplacements de bivouac sur le plateau du Marabout; au moment où il arrive, le 105 turc tire sur une batterie encore attelée et lui inflige des pertes en hommes et chevaux.

Les pertes du 16 au 19 août sont sensibles : 8 tués, 37 blessés, 2 disparus, mais aussi les affaires ont été chaudes, et, s'il faut en croire les derniers renseignements recueillis, il faut s'attendre à des engagements plus sérieux encore.

CHAPITRE IX.

Affaire de Samkeuï-Deulluk.

(Voir croquis n° 9.)

La levée du blocus fournit aux Kémalistes l'occasion de chanter victoire; ils colportent partout leurs succès, et prédisent que bientôt nous serons battus définitivement et rejetés d'Aïn-Tab; ils cantonnent dans les villages de la vallée du Sinek-Déré : Samkeuï, Deulluk; Kara-Heuyuk; dans ceux de la vallée du Sadjour : Hadjar, Kizil-Hissar, et aussi dans la région de Nizib; enfin, des renforts venant d'Ourfa sont signalés sur l'Euphrate vers Biredjik et Djirablouse.

Il peut être très utile d'essayer d'accrocher et de battre ces divers rassemblements; la colonne possède maintenant toutes ses forces réunies, et avant qu'un nouveau convoi de ravitaillement soit organisé, on décide d'exécuter une première tournée dans la vallée du Sinek-Déré. La colonne légère, organisée à cet effet, comprend :

Quatre bataillons de tirailleurs algériens;

Un escadron de spahis;

Une batterie et demie de 75;

Une batterie et demie de 65.

La défense de nos positions d'Aïn-Tab, ville et bivouac, reste assurée par :

Deux bataillons de Sénégalais;

Deux compagnies et une compagnie de mitrailleurs d'infanterie coloniale;

Une batterie de 75;

Une demi-batterie de 155;

Un escadron de spahis,

sous le commandement du lieutenant-colonel Abadie, commandant la zone.

La colonne légère, commandée par le lieutenant-colonel Andréa, part d'Aïn-Tab le 21 août, à 3 heures, en direction générale nord-ouest; l'avant-garde enlève, avant le jour, les crêtes est d'Ibrahimli, tenues par un détachement de réguliers, qui, après un combat d'une demi-heure, retraite vers l'ouest; elle progresse ensuite en direction d'Erikdge et arrive sans autre incident à Samkeuï.

La flanc-garde de gauche engage une lutte qui dure deux heures contre un détachement turc retranché sur les crêtes d'Ispatrine, l'oblige à abandonner ses positions et le poursuit par ses feux d'artillerie aussi loin que possible, elle gravit ensuite les hauteurs nord de Mezré, et descend dans la vallée du Sinek-Déré, à l'ouest de Samkeuï.

La flanc-garde de droite ne trouve de la résistance qu'au sommet du Deulluk-Baba où une de ses compagnies engage vaillamment la lutte contre deux cents irréguliers très bien retranchés; ceux-ci sont rejetés vers l'est et la flanc-garde vient ensuite prendre position sur les crêtes du Marabout de Samkeuï.

Le bivouac, pour toute la colonne, est établi à proximité même du village; des perquisitions sont faites dans les maisons, car Samkeuï est le poste de commandement du quartier général du corps d'armée turc de Marache; les quelques vieillards qui sont restés dans le village racontent que les officiers et soldats nationalistes, surpris par notre attaque, se sont enfuis dès la pointe du jour, abandonnant leurs approvisionnements et leur matériel. Nous ramassons, en effet, une centaine d'obus de 105 et de 77, des douilles de 105 non percutées, 12.000 cartouches en caisses, un appareil télégraphique, un fanion de commandement, un chargement de vivres d'une dizaine de voitures, 40 tonnes d'orge et de blé et le matériel de popote des officiers de l'état-major.

Les archives saisies indiquent que l'artillerie du corps d'armée est actuellement de sept pièces et qu'elle va être renforcée sous peu; enfin, de nombreuses dépêches signalent au commandement kémaliste les difficultés éprouvées par les détachements pour se ravitailler dans le pays.

Le 22 août, la colonne poursuit son opération en prenant le Sinek-Déré comme axe de marche et pour objectifs les cantonnements ennemis de Déulluk et Kara-Houyuk.

L'avant-garde disperse quelques petits groupes qui laissent quelques tués sur le terrain; la flanc-garde de gauche est vivement accrochée par l'artillerie ennemie, quand elle arrive sur la croupe ouest de Kara-Heuyuk; son artillerie de montagne riposte et, sous sa protection, la flanc-garde pousse sur Kuskundjuk; devant ce mouvement, les Turcs ne tiennent pas et retraitent vers le nord; nos unités se rabattent alors sur les villages de Kara-Heuyuk et Etébey, qu'elles trouvent évacués.

La flanc-garde de droite prend pour objectif le Deulluk-Baba, où elle se heurte à un détachement mixte de réguliers et d'irréguliers; ceux-ci sont rejetés sur Beyler-Beylié et laissent entre nos mains plusieurs morts et deux prisonniers.

A la nuit, la colonne bivouaque à Deulluk, sauf la flanc-garde de droite qui reste en position sur le Deulluk-Baba; la fouille du village nous met encore en possession de quelques approvisionnements laissés par les nationalistes.

Le 23 août, le détachement rentre à Aïn-Tab par Beyler-Beylié; la flanc-garde de gauche seule est accrochée sur les hauteurs, 2 kilomètres nord de la ville, par un fort groupe turc, que l'artillerie de la garnison oblige bientôt à rentrer dans ses fortifications. Les bataillons et autres unités reprennent sur le plateau du Marabout les positions qu'ils occupaient avant le départ.

Les pertes, pendant ces trois jours, sont de onze morts et vingt blessés.

Cette petite opération, au cours de laquelle l'ennemi, battu, a été obligé de quitter ses cantonnements en abandonnant ses munitions et ses approvisionnements, ne peut être que salutaire à notre action politique dans le pays; les villageois, circonvenus par une propagande active des nationalistes, dans laquelle on leur démontre notre faiblesse, savent maintenant à quoi s'en tenir sur la véritable force des réguliers kémalistes et nul doute que l'enrôlement des irréguliers ne soit dorénavant plus laborieux qu'autrefois.

Le service des renseignements apprend que l'attaque du 17 août sur notre blocus, a été menée par trois bataillons de réguliers; un millier de Tchétés et quatre canons, et que, d'autre part, cinq autres bataillons, se trouvant actuellement dans la région de Biredjik, doivent sous peu renforcer les premiers.

Mustapha-Kémal pacha a télégraphié à ses représentants les ordres suivants :

1° Continuer la résistance à Aïn-Tab, où des renforts importants vont arriver en provenance d'Ourfa et de Diarbékir;

2° Créer de l'agitation dans le caza de Killis; occuper la garnison française de Katma par de fréquents incidents sur la voie ferrée; isoler le poste du Sadjour et entraver le ravitaillement d'Aïn-Tab;

3° Exciter la population d'Alep à la rebellion, de manière à empêcher les Français de dégarnir la garnison pour se porter au secours d'Aïn-Tab.

On apprend également que le 17 août il y a eu, en ville turque, un commencement de sédition populaire en faveur de la paix, un drapeau blanc aurait même été arboré au Souk, mais l'élément militaire s'est rapidement rendu maître de la situation. Les notables et les fonctionnaires excitent, par tous les moyens, l'animosité du peuple contre les Français; une trentaine d'hommes de la classe moyenne ont été emprisonnés pour propagande antinationaliste; et de plus en plus l'autorité passe entre les mains des chefs militaires kémalistes.

Affaire de Kizil-Hissar.

(Voir croquis n° 9.)

Le départ du deuxième convoi-navette de ravitaillement est fixé au 26 août, l'escorte est de un bataillon, doublé par 500 Sénégalais rapatriables, bien encadrés et pouvant tenir lieu et place d'un bataillon, donc, au total, deux bataillons, un escadron de cavalerie, une batterie de 65.

Les campements ennemis de la vallée du Sadjour sont toujours signalés vers Kizil-Hissar et Hadjar; on profite de cette circonstance pour accompagner le convoi jusqu'à la plaine de Sazguine et exécuter ensuite une opération sur les villages cités plus haut. A cet effet, une colonne légère de la composition ci-après est constituée le 25 :

Trois bataillons de tirailleurs algériens;

Un escadron de spahis;
Une batterie de 75;
Une batterie de 65.

Le 26 au matin, convoi et colonne partent d'Aïn-Tab; la colonne flanque à gauche le convoi-navette jusqu'à Néfac; à partir de ce village, le convoi se dirige sur Ikis-Kouyou, où il doit bivouaquer, et la colonne marche sur Kizil-Hissar, où elle arrive sans avoir essuyé un coup de feu; le bivouac est installé sur la rive droite du Sadjour et des réquisitions en orge sont exercées dans les villages environnants.

Le Mouktar et l'Iman de Kizil-Hissar viennent apporter leur soumission; ils déclarent reconnaître le mandat français et nous demandent protection contre les Tchétés et les irréguliers qui pillent la population et enrôlent de force les jeunes gens. Ils indiquent que ce matin même, une bande de 400 Tchétés, commandée par Sadik Effendi, propriétaire du village de Tel-Baschar (5 à 6 kilomètres sud-ouest d'Ikis-Kouyou), était encore à Kizil-Hissar et qu'un groupe de 200 réguliers avec deux canons occupait Hadjar; les deux détachements devaient attaquer le convoi-navette, mais l'arrivée de notre colonne les a empêchés de mettre leur projet à exécution; ils se sont repliés vers le nord.

L'ennemi n'est pas allé bien loin; un peu avant la nuit son artillerie, installée sur le massif du Balli-Caïa, envoie sur le bivouac une cinquantaine d'obus qui nous blessent quatre hommes.

Le terrain sur lequel les nationalistes se sont retirés est difficile d'accès et de parcours; il n'existe que des sentiers à peine muletiers; nos pièces de 75 ne peuvent y circuler; en conséquence, les dispositions suivantes sont prises pour la journée de demain:

1° Un détachement de deux bataillons, un escadron et la batterie de montagne attaquera le Balli-Caïa à la pointe du jour, un bataillon sur 976, l'autre sur 959, ce dernier se flanquera par une compagnie dans la vallée du Sadjour, vers 853;

2° Le 3° bataillon et la batterie de 75 s'organiseront au bivouac de Kizil-Hissar en vue de soutenir des attaques qui pourraient venir de l'ouest et du sud; la batterie aura, en outre, pour mission d'accompagner l'attaque du détachement mobile sur le Billi-Caïa et de protéger son repli sur le bivouac, vers la fin de la journée.

Le 27 août, à 3 heures, le mouvement est déclanché; comme toujours, l'ennemi a été averti par ses nombreux guetteurs; il a pris à temps ses dispositions pour une retraite sur 1.069; il n'essaya même pas de nous empêcher de monter sur le Balli-Caïa, mais, lorsque nous y arrivons, il canonne nos tirailleurs avec son artillerie, pendant une vingtaine de minutes; puis, comme notre progression se continue quand même, il charge ses pièces sur les mulets et se retire tout à fait.

Le détachement mobile poursuit jusqu'à la route de Nizib; mais il ne peut songer à aller plus loin: l'ennemi continuera à fuir en se maintenant toujours à 4 ou 5 kilomètres de nous; il n'acceptera pas davantage le combat sur une autre position; sa tactique consiste à nous harceler sans se laisser accrocher; il a sur nous l'avantage d'une plus grande mobilité, parce qu'il vit sur le pays et qu'il n'a pas besoin de convois, tandis que nous sommes rivés aux nôtres, ce qui alourdit beaucoup. Aussi, il nous sera toujours très difficile, sinon impossible, d'obtenir une bataille rangée et de faire beaucoup de mal à notre adversaire.

Dans la soirée, le détachement de manœuvre rentre au bivouac de Kizil-Hissar et le lendemain la colonne entière retourne à Aïn-Tab. Pendant notre absence, la garnison a été bombardée par le 105 turc qui a tiré une quarantaine d'obus sur le collège américain et le réduit de la zone.

Le 30 août, le convoi-navette rentre à Aïn-Tab, son passage dans les défilés Néfac-Nurghane est facilité par une manœuvre de deux bataillons envoyés, partie sur 853, partie sur la croupe nord de Peirki; ces unités délogent du Balli-Caïa 200 à 300 Tchétés qui laissent une trentaine de morts sur le terrain.

Le convoi ramène un renfort d'un bataillon de tirailleurs algériens, en réalité ce renfort ne fait que compenser la perte des 500 Sénégalais rapatriés; la colonne comprend donc maintenant : sept bataillons de tirailleurs algériens et sénégalais et deux compagnies et une compagnie de mitrailleuses d'infanterie coloniale : force encore insuffisante pour entreprendre le blocus et assurer les escortes des convois de ravitaillement.

On recueille quelques renseignements intéressants : le lieutenant turc Arlan Bey, commandant la zone sud de la ville d'Aïn-Tab, a déclaré à un Arménien que des forces kémalistes importantes doivent arriver sous Aïn-Tab avant huit jours, envoyées par le corps d'armée de Diarbékir, par la voie Malatia, Albistan, Marache; ces forces seraient constituées par la division de Mardine, à l'effectif de 8.000 hommes et de plusieurs batteries, dont une lourde, sous le commandement du colonel Kenan-Bey commandant la division.

Dans Aïn-Tab, le manque de farine se fait sentir surtout dans la population pauvre, qui, pour vivre, maraude dans les jardins, pendant la nuit; les Turcs travaillent constamment à renforcer leurs organisations défensives; ils construisent des abris couverts en prévision d'une campagne d'hiver. Le colonel Irfan-Bey, accusé de francophilie, a été relevé de ses fonctions par le colonel Euz Démir dont l'origine n'est pas connue. Ce dernier, au cours d'une conférence faite aux officiers, a insisté sur l'importance de la question « Aïn-Tab » pour la politique générale de la Turquie. « C'est un suprême effort que nous devons fournir, a-t-il dit; notre victoire d'Aïn-Tab fera revivre pour nous toute la question syrienne. »

Tous ces renseignements annoncent une lutte encore longue.

Colonne de Nizib.

(Voir croquis n° 9.)

En vue de battre et refouler les rassemblements ennemis signalés dans la région de Nizib, et aussi de vérifier la valeur des renseignements sur la présence de grosses forces kémalistes vers Biredjik et Rum-Kalé, une grosse colonne est organisée à Aïn-Tab le 31 août; elle comprend :

Quatre bataillons de tirailleurs algériens;
Un bataillon de tirailleurs sénégalais;
Une batterie et demie de 75;
Une batterie et demie de 65;
Un canon de 155;
Deux escadrons de spahis;
Une section du génie;
Une ambulance.

La compagnie du train, avec toutes les voitures disponibles, pour ramener de l'orge dont nous manquons.

On emporte sept jours de vivres.

La colonne, commandée par le lieutenant-colonel Andréa, quitte Aïn-Tab le 1er septembre, à 3 heures; elle se met en marche dans la formation habituelle, chaque face forte d'un bataillon et d'une demi-batterie d'artillerie de montagne pour les flancs-gardes, de 75 pour l'avant-garde et l'arrière-garde; la cavalerie, moins un peloton détaché à l'avant-garde, marche rassemblée au gros, prête à remplir les missions spéciales que les circonstances demanderaient.

Nous atteignons assez facilement le col, 2 kilomètres est d'Aïn-Tab; mais lorsque l'avant-garde débouche de l'autre côté, elle est accueillie par un feu de mousqueterie nourri auquel se joint celui de plusieurs mitrailleuses, installées à 1.500 mètres sur une petite ride du terrain, perpendiculaire à notre direction de marche. La section de 75 de l'avant-garde prend ces mitrailleuses à partie pendant que l'infanterie, en formation très diluée, progresse très bravement; les fantassins ennemis n'attendent pas, ils abandonnent leurs positions et retraitent vers l'est.

Mais l'artillerie turque entre en action et cherche à atteindre notre batterie; cette dernière continue sa mission d'appui de l'infanterie et c'est la batterie du gros qui contrebat les pièces adverses; pendant près d'une demi-heure, la lutte d'artillerie est très vive; mais la batterie turque cesse brusquement son tir dès qu'elle aperçoit le mouvement de notre flanc-garde de droite, qui se dirige, par Ourum-Evlic, sur la crête à l'est de ce village, vers le flanc gauche de la position turque. Les nationalistes se retirent rapidement, laissant sur place leurs munitions que nous chargeons sur nos voitures en passant.

Nous atteignons Sinan, ordinairement occupé par les états-majors des bandes de Tchétés; le village est complètement vide; il ne reste absolument rien dans les maisons. Nous poursuivons plus à l'est par une chaleur accablante et sommes obligés de pousser jusqu'à Giaour-Keuï pour trouver de l'eau; la troupe est fatiguée par cette journée de combat et par l'étape très longue (35 kilomètres).

Nos pertes sont de un tué et six blessés; deux prisonniers restent entre nos mains; ces prisonniers disent qu'au combat de ce matin, les forces turques étaient de un millier d'hommes environ, répartis sur un large front; les réguliers, peu nombreux, sont employés à servir quatre canons de montagne, les Tchétés (irréguliers) constituent l'infanterie; en outre, une centaine de cavaliers servent d'éclaireurs et renseignent les bandes.

Le 2 septembre, la colonne, fatiguée de la veille, ne fait qu'une toute petite étape; elle s'arrête à proximité du village d'Orul, centre de propagande kémaliste. Le mouktar et les notables viennent au bivouac présenter une attestation de bonne conduite délivrée par le colonel Normand, qui a passé par là en avril dernier. Ils déclarent, en outre, qu'ils sont heureux de ce que leur pays soit placé sous le mandat français, car ils savent qu'ils seront traités par nous avec justice; ils réclament une garnison pour les protéger contre les nationalistes; eux seuls ne sont pas assez forts pour se défendre, et sont en conséquence obligés d'obtempérer aux réquisitions qui leur sont demandées.

Il leur est répondu que les Français ne peuvent pas disperser leurs forces par petits paquets; tous les villages réclament des garnisons, il n'est pas possible de leur donner satisfaction; ce n'est d'ailleurs pas ce moyen qui permettra de battre et de refouler les nationalistes; il faut au contraire agir avec de fortes colonnes comme nous le faisons en ce moment. D'ailleurs, si la population savait, et surtout si elle voulait s'organiser, et aider l'action des Français, les Tchétés et les Kémalistes ne pourraient plus rien dans le pays. Les notables en conviennent, mais, répondent-ils : « Nous ne trouverions pas de chefs pour nous commander, et puis, nous ne sommes pas bien armés et nous n'avons pas assez de munitions. »

Tout cela est parfaitement exact.

Le 3 septembre, notre marche se continue sur Nizib, où nous arrivons dans la matinée sans avoir eu à combattre; les notables viennent au-devant de la colonne et nous présentent la soumission de la ville; rendez-vous leur est donné au konak pour une heure plus tard.

En attendant, on procède à l'encerclement de la ville (8.000 habitants), pour mieux assurer la surveillance de la population, assez suspecte; l'état-major de la colonne, escorté par un escadron de spahis, fait son entrée dans la ville, bien accueilli par les habitants qui saluent respectueusement.

Au konak, les notables sont présentés par un major turc, qui déclare relever de Constantinople et n'avoir aucune relation avec les Kémalistes; les autorités qui normalement gouvernent la ville et le canton se sont enfuies ce matin à l'approche de la colonne française. Ces autorités sont révoquées et remplacées par des fonctionnaires de notre choix, ces nominations sont bien accueillies par les notables présents.

Le nouveau mudir (1) déclare que la population de Nizib désire vivement le retour de la paix et qu'elle compte sur le contrôle français pour amener la jus-

(1) Chef de canton.

tice, surtout en matière d'impôts, lesquels pourront enfin servir au développement du pays, au lieu de rester dans les poches des fonctionnaires, comme cela se fait sous l'administration ottomane. Il remet ensuite une pièce signée par les notables et chefs de quartiers, établissant la reconnaissance du mandat français par la ville de Nizib, et nous prenons congé.

Le 4 septembre, le demi-régiment de cavalerie est envoyé en reconnaissance en direction de Biredjik; il explore jusqu'à l'Euphrate et visite un grand nombre de villages sans rien rencontrer de suspect. Des interrogatoires auxquels il a procédé, il ressort qu'il n'y a pas de grosses forces kémalistes à Biredjik, pas plus qu'à Rum-Kalé; ces renseignements sont d'ailleurs confirmés par le mudir qui fixe de 200 à 300 hommes seulement la garnison de chacune de ces deux villes.

Une enquête, faite sur les agissements du major turc actuellement à Nizib, établit que cet officier n'a jamais commandé de troupes contre nous; toutefois, quoique à la solde du sultan de Constantinople, il n'en a pas moins recruté des hommes pour les formations nationalistes. Il lui est, en conséquence, signifié que ses fonctions n'ont plus de raison d'être dans un pays placé sous le mandat français et qu'il va être dirigé sur Alep où le général commandant les troupes françaises examinera son cas.

La colonne a rempli la mission qu'elle s'était donnée; elle sait que les troupes régulières turques annoncées plusieurs fois, comme stationnant sur l'Euphrate, n'existent pas ou du moins n'y sont pas encore arrivées. D'autre part, nous avons reçu la soumission de la ville de Nizib et celle de plusieurs villages; les fonctionnaires kémalistes ont été révoqués et remplacés par d'autres de notre choix; il est à présumer que ces derniers ne resteront pas longtemps en place et qu'ils seront révoqués à leur tour, lorsque les nationalistes reviendront, c'est-à-dire aussitôt après notre départ; mais, tout de même, cette fuite des Kémalistes devant nos forces, la bonne conduite de nos hommes, et le payement intégral de nos réquisitions ne peuvent que nous rendre sympathiques à la population, à laquelle une propagande étrangère nous a toujours représentés comme des pillards, des incendiaires et des destructeurs de foyers et de religions.

A défaut de bataille rangée, que nos adversaires nous refusent, nous avons au moins la satisfaction de nous faire apprécier par les habitants du pays placé sous notre mandat, ce qui contribuera sans aucun doute à consolider notre situation.

Le 5 septembre, nous retournons bivouaquer à Orul, et le lendemain nous nous portons sur le village de Tel-Baschar, propriété du chef de bande Sadik Effendi. Au cours de la marche, la colonne se heurte à un fort parti turc installé sur les crêtes est de Kizil-Hissar, une manœuvre enveloppante, amorcée par les flancs-gardes, fait retraiter l'ennemi vers le nord; notre cavalerie harcèle les fuyards dont beaucoup tombent sous nos coups, et réussit à en capturer une dizaine.

La colonne arrive sur les terres de Sadik Effendi; elle bivouaque dans le triangle : Tel-Baschar, Mezereï, Zramba: un bataillon est envoyé dans chacun de ces villages pour y perquisitionner; une vingtaine de fusils sont ramassés, et on fait main basse sur 60 tonnes d'orge, une centaine de bœufs et 500 moutons appartenant à Sadik; il est expliqué aux rares habitants restés dans les maisons que c'est là une punition infligée à leur propriétaire, en raison de son alliance avec les nationalistes, et nous leur recommandons de lui dire qu'il n'aura plus rien à craindre des Français à partir du jour où il fera sa soumission.

Les prisonniers déclarent que les forces ennemies auxquelles nous avons eu à faire ce matin étaient de un millier d'hommes et quatre canons; dès que l'artillerie française a commencé à tirer, les bandes se sont dispersées par petits groupes sans que leurs canons aient tiré un seul obus; le moral serait très bas chez les Tchétés, les enrôlements ne peuvent se faire que par la force et les désertions sont nombreuses bien que sévèrement punies.

Le 7 septembre, nous faisons route sur Aïn-Tab, aucun incident jusqu'à Nurghane; à cet endroit, les cavaliers de pointe signalent que des mitrailleuses turques, installées sur les crêtes ouest d'Ouroum-Evlic, battent le débouché du défilé sur les jardins d'Aïn-Tab, par où doivent passer les voitures. Ordre est envoyé à un bataillon de tirailleurs de prendre en flanc la position ennemie en l'abordant par Pierki; son mouvement est appuyé par une batterie de 75, qui a pu repérer les emplacements de mitrailleuses et qui les oblige à une fuite précipitée vers la ville; le bataillon reste en place jusqu'au passage de la dernière voiture. Il faut encore faire agir le 155 sur les retranchements de la lisière ouest d'Aïn-Tab, où d'autres mitrailleuses essayent de gêner le passage du convoi, une dizaine de gros obus les réduisent au silence et la colonne s'écoule ensuite tranquillement jusqu'au plateau du marabout où elle reprend ses emplacements de bivouac.

Nos pertes du 1er au 7 septembre sont de 3 tués et 13 blessés; nous ramenons 11 prisonniers.

Pendant notre absence, la garnison d'Aïn-Tab a

été bombardée le 1er septembre, jour où elle a reçu une centaine d'obus de 77 et quarante obus de 105; immédiatement après cette préparation, les Turcs ont déclanché deux attaques : l'une sur la ferme des Spahis, l'autre sur la maison du cheik, les deux assauts ont été repoussés, et, depuis, les nationalistes de la ville n'ont plus tenté d'autres actions.

Le jour même de notre retour, une nouvelle sommation est adressée aux autorités turques; celles-ci répondent que la ville ne peut se soumettre puisque la population voit, par ses propres yeux, les positions françaises bombardées par les canons nationalistes. Comme le mutessarif déclare dans sa réponse qu'il n'y a pas de troupes kémalistes dans la ville d'Aïn-Tab, il lui est envoyé la lettre suivante :

I. — Le traité de paix signé par la Turquie a placé Aïn-Tab sous le mandat français; aucun Turc ne l'ignore à l'heure actuelle. Tous ceux, civils ou militaires, qui s'opposent à l'exécution du traité sont donc des rebelles.

II. — C'est avec le plus grand regret que nous bombardons une ville où se trouvent tant d'innocents, mais le chef des troupes turques qui nous combattent, Euz-Deinir, est dans la ville avec la plus grande partie de ses troupes; qu'il sorte avec ses forces et qu'il accepte le combat en rase campagne au lieu de les abriter dans les mosquées ou sous le croissant rouge.

III. — Le bombardement ne cessera que lorsqu'il n'y aura plus un seul coup de fusil tiré de la ville.

CHAPITRE X.

PÉRIODE DU 8 SEPTEMBRE AU 20 NOVEMBRE 1920.

Situation au 8 septembre.

Les faits qui se sont déroulés au cours de la période précédente prouvent :

1° Que les forces de la colonne sont insuffisantes pour assurer, à la fois, le blocus de la ville et les escortes nécessaires à la protection des convois de ravitaillement;

2° Qu'une colonne unique ne peut que rejeter les bandes devant elle, sans leur faire beaucoup de mal, puisque ces bandes refusent toujours le combat et se retirent avant qu'on ait pu les manœuvrer. Pour arriver à battre et détruire les forces kémalistes de l'extérieur, il faudrait pouvoir disposer, comme nous l'avons déjà dit, de plusieurs fortes colonnes, partant de points différents et dont les opérations, bien coordonnées, tendraient à encercler les gros ennemis.

Or, les différentes demandes de renfort n'ont pu recevoir satisfaction; la 2e division n'a plus un seul bataillon disponible; car, si Aïn-Tab reste son principal théâtre d'action, il n'en est pas moins vrai que les ordres d'Angora sont parfaitement exécutés et que le harcèlement, commandé par Mustapha Kemal pacha, s'exerce sur toute l'étendue du territoire de la division. Le général de Lamothe fait face aux difficultés, en payant souvent d'audace, en ne gardant, par exemple à Alep, que quelques petites unités, pour bien montrer aux Turcs de là ville qu'il a encore des hommes; mais, en réalité, ces forces seraient insuffisantes pour réprimer un soulèvement, s'il se produisait dans cette grande ville. Tout ce qui est disponible est envoyé à Killis, à Meïdan-Ekbès, à Deir-ez-Zor, à Membidj, etc..., c'est-à-dire partout où il y a des troubles.

Donc, impossibilité matérielle de nous renforcer à Aïn-Tab, et, en conséquence, impossibilité pour nous de reprendre le blocus ou de constituer plusieurs colonnes pour détruire les forces ennemies de l'extérieur.

Que nous reste-t-il donc à faire?

D'aucuns ont conseillé une attaque de vive force sur la ville.

Dès le premier jour de notre arrivée à Aïn-Tab, cette action a été envisagée; elle a été étudiée à fond entre chefs de toutes armes; les fortifications turques ont été relevées minutieusement par des officiers compétents et consciencieux; des coups de sonde par concentration de feux ont été exécutés; les renseignements du commandant de la zone, du commandant du groupe arménien et ceux des informateurs ont été analysés, et la conclusion a été qu'une attaque de vive force, en l'état de nos faibles moyens en artillerie, n'avait pas pour elle toutes les chances de réussite.

Arriverait-on encore à prendre pied dans les retranchements de la périphérie de la ville, qu'il serait impossible de progresser dans le fatras des ruelles étroites dont est composée une ville turque, et en particulier Aïn-Tab.

D'autre part, l'avis des chefs d'infanterie, qui tous ont fait la guerre en France, est que l'opération nous coûterait fort cher en hommes.

Dans ces conditions, l'idée d'une attaque de vive force a été écartée délibérément.

Que faire alors?

Nous armer de patience, continuer à harceler nos ennemis de la ville et empêcher autant que faire se peut l'entrée des ravitaillements.

Il est impossible aux nationalistes de faire rentrer quoi que ce soit en ville pendant le jour; du plateau du marabout, notre artillerie commande toutes les directions et le plus petit convoi ne peut s'approcher. Ce n'est que pendant la nuit que les Turcs peuvent se ravitailler, bien que notre harcèlement se fasse aussi la nuit et à des heures toujours différentes; mais, tout de même, de petits groupes d'animaux chargés peuvent passer; toutefois, ce ravitaillement ne peut être qu'infime en regard des énormes besoins des 40.000 Turcs de la ville.

Dans de telles conditions, si les forces extérieures, toujours grossissantes, dit-on, n'arrivent pas à nous rejeter, on obtiendra sûrement la reddition de la ville quand elle aura faim; ses stocks en vivres ne sont pas énormes; comme l'on se bat autour d'Aïn-Tab depuis le commencement de l'année, les habitants n'ont pu renouveler leurs provisions et les autorités accumuler des réserves. D'après des Arméniens qui connaissent bien la situation, la résistance ne pourra guère se prolonger au delà de deux ou trois mois.

Notre parti est donc pris : redoublement du harcèlement et patience!

Mais, nous, aussi, devons vivre, et ce n'est pas une petite affaire que de ravitailler 6.000 hommes et 2.500 animaux en toutes choses : vivres, munitions, habillement, matériel; impossible de trouver quoi que ce soit sur le pays; il faut tout apporter de la gare d'Agtché-Kouyouli, où la division envoie les demandes de la colonne.

En outre, il est indispensable de constituer des approvisionnements pour permettre d'interrompre les convois lorsque arrivera la mauvaise saison, pendant laquelle la piste du Sadjour est impraticable aux voitures. Après calculs, il ne faut pas moins d'un convoi par semaine pour être à même de réaliser nos projets dans de bonnes conditions; chaque convoi apportant neuf jours de vivres, dont sept sont consommés et deux mis en réserve.

On entre alors dans cette période des convois hebdomadaires qui a été tourmentée bien souvent et qui, à deux reprises, au moins, a été marquée par des engagements où nos troupes, bien inférieures en nombre, ont fait preuve de la plus belle bravoure et d'une endurance vraiment admirable. Nous en reparlerons plus loin.

Dès le 8 septembre, notre harcèlement se faisant plus intense, les Turcs ripostent dans la journée même par un bombardement de nos positions par 105 et 77. Le lendemain, avant le jour, une reconnaissance, forte de deux bataillons, une batterie de 65 et un escadron, est envoyée en direction route de Marache, pour essayer de surprendre et de capturer la pièce de 105 qui tire sur les bivouacs.

Le détachement pousse jusqu'à Samkeuï, sans rencontrer de résistance; il rapporte le renseignement suivant : l'ennemi a établi sa surveillance sur la ligne des hauteurs Deulluk-Baba, col-route de Marache, Erikdjé et Ispatrine, soit à environ 8 à 10 kilomètres d'Aïn-Tab; des traces d'occupation récente ont été relevées, bivouac frais des chevaux, étuis de cartouches non rouillés, marmites de soupe inachevées, indices d'une retraite précipitée devant la reconnaissance. L'emplacement de tir de la pièce de 105 a pu être repéré; la pièce y est amenée au moment du tir, et, celui-ci terminé, elle est prudemment retirée au loin et cachée dans des grottes, disent les habitants.

Le 13 septembre, la rentrée à Aïn-Tab du troisième convoi-navette donne lieu à un engagement très vif dans les environs de Nurghane; l'ennemi a une trentaine de tués et blessés, et nous-mêmes avons un tué et six blessés, dont un officier.

Le 16 septembre, au départ du quatrième convoi, une opération est montée, dans le but de fouiller la vallée du Sadjour, entre Aïn-Tab et Hadjar, où les bandes se donnent rendez-vous lorsqu'elles projettent une attaque sur nos convois; une compagnie de tirailleurs déloge des fourrés de Nurghane un fort groupe ennemi, qui laisse sur le terrain plusieurs cadavres, dont celui d'un capitaine de l'armée régulière. Au retour de ce même convoi, le 20 septembre, nouveau combat dans la même région.

Quelques renseignements.

Le service des renseignements communique quelques indications intéressantes :

1° Les habitants du quartier Tabakané (ville d'Aïn-Tab, est de la citadelle) se sont rendus le 16 septembre chez le mutessarif pour lui déclarer que, la vie devenant impossible sous le harcèlement français, ils demandaient que la ville fasse sa soumission. Il est à noter que le mouktar de ce quartier a déjà été emprisonné, il y a quelques jours, à la suite d'une demande analogue. Cette fois, le mutessarif a calmé le mouvement sans prendre de sanction, mais en annonçant, d'une façon ferme, l'arrivée prochaine d'importants renforts qui forceront la colonne française à s'en aller de la région;

2° Le comité nationaliste se proposerait d'évacuer la population civile d'Aïn-Tab; la ville, tenue ensuite uniquement par des soldats, ferait une résistance à outrance;

3° Les Turcs travaillent toujours avec activité, jour et nuit, à consolider leurs fortifications; ils construisent des abris à l'épreuve des gros obus et creusent des pièges à tanks. Le chef kémaliste, Euz Démir, de son vrai nom Chefik Ali, commande avec beaucoup d'énergie et paraît décidé à tenir coûte que coûte sans prendre garde aux plaintes de la population; c'est un nationaliste bolchevique et xénophobe acharné. Le 20 septembre, il adresse à des notables turcs d'Aïn-Tab, réfugiés à Alep, une lettre dans laquelle il flétrit leur conduite, les accuse de trahison, leur ordonne de rejoindre et leur inflige des amendes. Voici quelques passages de la traduction de cette lettre :

Exemples de sentiments patriotiques, des nouvelles honteuses, qui font rougir le front des hommes, nous parviennent journellement sur votre compte. Vous, qui avez choisi une voie perverse, vous mériteriez non seulement les malédictions de vos contemporains, mais aussi celles de vos descendants; votre pays que vous avez tant chéri se trouve maintenant sous le feu infernal de l'ennemi. Si vous avez proclamé une inimitié contre vos confrères, ayez au moins une pitié envers votre patrie. Tâchez d'éloigner de vos cœurs les mauvais esprits, abstenez-vous au moins des trahisons; des preuves notoires et accablantes qui sont déjà en notre possession vous accusent de traîtrise.

Vous vous êtes retirés à Alep; la propagande que vous y menez a atteint son apogée. Un délai d'une semaine vous est accordé pour revenir dans votre pays; vous devez vous efforcer d'effacer les points noirs qui ont entaché votre vie. Ayez confiance dans la bonté et la justice de l'état-major. Si les Français vous opposaient des obstacles à vous en aller, il vous incomberait alors d'envoyer des secours en numéraire, afin d'habiller vos malheureux confrères à l'approche de la mauvaise saison. Dans le cas contraire, vous serez poursuivis, conformément aux ordres de mon supérieur commandant en chef le front d'Adana; il sera procédé à votre égard comme suit : vous serez considérés comme ennemis de la religion, vos magasins et vos maisons seront brûlés, les céréales et les bêtes se trouvant dans vos fermes seront réquisitionnés; vos biens mobiliers seront vendus et le produit sera versé à la caisse de la défense nationale. Si vous avez du sang dans les veines, cessez la propagande et l'espionnage.

Suivent les noms des notables avec indication des amendes infligées.

En outre, Euz Démir envoie quelques notables à Alep, avec mission de s'aboucher avec les musulmans de la ville, en vue d'exciter les esprits par des récits exagérés des souffrances endurées par la population d'Aïn-Tab et de créer un mouvement hostile aux Français.

Le commandant turc ne se contente pas d'écrire et de faire de la propagande, il agit aussi; les ripostes à nos feux sont plus violentes qu'autrefois et la garnison kémaliste, qui ne peut faire aucun mouvement le jour, essaye la nuit de fréquentes sorties; c'est ainsi qu'une cinquantaine de Turcs attaquent un de nos postes dans la nuit du 22 septembre; ils sont repoussés et à l'aube on trouve plusieurs cadavres sur le lieu de la lutte.

Le 24 septembre, le cinquième convoi-navette quitte Aïn-Tab, escorté par 2 bataillons, 1 batterie et 1 escadron; il est aidé dans le passage des défilés de Nurgham-Néfak par une force mobile d'égale importance qui rencontre et disperse, vers Orum-Evlic, une bande de 400 à 500 Tchétés, renforcée par de l'artillerie, laquelle tire une cinquantaine d'obus sur notre détachement.

Incident du 25 septembre.

Des renseignements sûrs représentent Euz Démir comme déprimé par une dépêche reçue d'Angora, dans laquelle on lui fait savoir que les renforts promis ne pourront être dirigés sur Aïn-Tab que bien plus tard que la date primitivement fixée; une autre cause qui l'inquiète aussi est la grande misère qui règne en ville et qui s'aggrave de jour en jour; on a commencé à rationner les vivres, et les pauvres, qui ne possèdent pas de provisions particulières, se plaignent amèrement; une grande partie des notables sont, paraît-il, partisans de la soumission.

Il faut peut-être profiter de cette situation et essayer de connaître les intentions d'Euz Démir; une lettre lui est envoyée, laquelle fait ressortir la lourde responsabilité qui retombe sur lui, du fait qu'il nous oblige, par sa résistance, à continuer le bombardement; que l'intérêt de la population turque est, au contraire, dans sa soumission, pour que nous puissions travailler ensemble au bonheur du pays; la liberté sera donnée à tous; les religions, les familles, les biens seront respectés; les Français agiront avec justice et loyauté comme ils l'ont toujours fait à l'égard des populations musulmanes d'Algérie, de Tunisie et du Maroc, etc...

Euz Démir répond le même jour par une longue lettre dans laquelle il parle de la fastueuse histoire de la France et de sa générosité à donner la liberté aux peuples, mais il s'étonne que notre grande nation ne veuille pas reconnaître l'indépendance de la faible Turquie, et agisse de façon à placer la population turque sous le joug des Arméniens qui sont les « bourreaux des Turcs ». Toutefois, il pense qu'on peut arrêter la lutte sous Aïn-Tab par des entretiens et des conversations raisonnables, mais il désire voir le commandant français seul, sans « microbe » (interprète arménien) à côté de lui; il propose de se faire accompagner par un docteur turc parlant français. C'est donc une demande d'entrée en pourparlers.

Siège d'Aïn-Tab (1920-1921). — **Organisations turques :** Secteur des Jardins et Vergers (ouest).

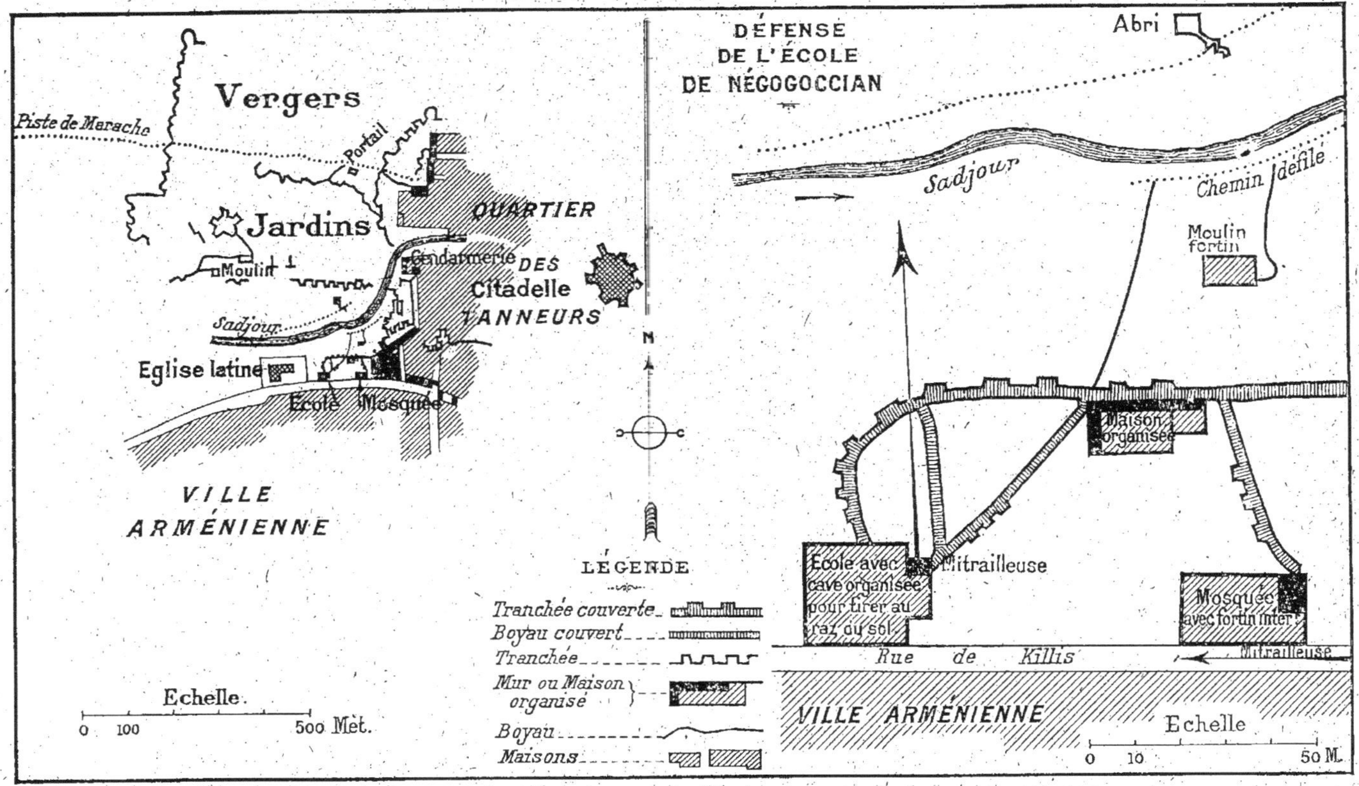

Réponse y est faite en fixant le rendez-vous au 25 septembre, 14 heures, à l'orphelinat anglais, occupé par un poste français. Cet endroit est choisi parce qu'il est en dehors de la ville arménienne, et qu'en conséquence le commandant turc n'aura pas à passer sous les regards de ses ennemis, les Arméniens.

Euz Démir accepte les propositions; mais, le 25 septembre, quelques minutes avant l'heure de l'entrevue, il fixe un autre point de rencontre « en plein milieu des fortifications turques ». Refus catégorique de notre part, et avis que les hostilités reprendront à 17 heures, si le commandant nationaliste ne revient pas à l'accord convenu la veille.

Aucune réponse ne parvient et, à l'heure dite, le bombardement recommence.

Euz Démir n'avait aucune intention de traiter; il aurait voulu causer et il désirait surtout que l'entrevue eût lieu en territoire turc, de façon à rehausser son prestige aux yeux de la population. Cette satisfaction ne lui a pas été donnée.

Pendant la suspension des hostilités, des observations très intéressantes ont été relevées, en ce qui concerne les fortifications turques :

1° Un centre de résistance, tenu par 500 hommes environ, est organisé dans la partie sud de la ville, en face du village kurde tenu par nous; les irréguliers sont en première ligne, les réguliers occupent le réduit, constitué par des carrières reliées entre elles au moyen de boyaux, pour la plupart couverts;

2° Les travailleurs turcs reconstruisent, chaque nuit, ce que notre bombardement a détruit dans la journée;

3° Enfin, des maisons organisées, tenues par des postes turcs, ont été repérées et signalées à notre artillerie.

Le 28 septembre, le cinquième convoi-navette est attendu à Aïn-Tab; un détachement de protection, envoyé sur les hauteurs nord de Pierki, y retrouve la bande de Tchétés plusieurs fois signalée; elle se dérobe à nouveau devant une manœuvre de flanc de notre part.

Extension du front vers l'est.

Afin de gêner encore davantage le ravitaillement de la ville, dont les convois arrivent surtout de Nizib, afin aussi de tenir constamment les hauteurs d'Ourum-Evlic, où nos adversaires vont s'embusquer aux départs et aux rentrées des convois-navettes, et d'où il faut les chasser à chaque fois, on décide d'intercepter les directions du Sadjour et de Nizib.

A cet effet, un bataillon va s'établir au col de la route de Nizib, une compagnie faisant face à Aïn-Tab et les deux autres face à l'extérieur; un deuxième bataillon s'installe à cheval sur la route du Sadjour, se reliant au nord avec le premier bataillon, et à l'ouest avec l'unité occupant l'ouvrage de la maison du cheick. Ce deuxième bataillon se garde, lui aussi, face à la ville et face à l'extérieur; ces unités peuvent, en effet, craindre des attaques venant des deux côtés. La prise du dispositif est marquée par un engagement avec des Tchétés, cachés dans les fourrés du Nurghane, au cours duquel trois tirailleurs sont tués et huit autres blessés. La nuit suivante, on capture un convoi d'une dizaine d'animaux chargés de vivres.

Les Turcs ne sont pas satisfaits que nous ayions coupé leurs communications avec l'est; ils passent aux actions offensives pour essayer de nous amener à nous replier; le 29 septembre, leur artillerie bombarde violemment nos nouvelles positions pendant une bonne partie de la journée, et la nuit suivante vers 2 heures, un groupe d'environ 200 hommes, sortis de la ville, attaque la compagnie avancée du bataillon nord; à trois reprises, pendant cette nuit, le détachement turc se lance à l'assaut de nos postes. Chaque fois, il est arrêté net par nos barrages d'artillerie, nos feux de mitrailleuses et de V.-B., et regagne enfin la ville un peu avant le jour, laissant des cadavres tout à côté de nos organisations.

Occupation de la transversale.

La transversale qui sépare la ville arménienne de la ville turque est tenue par des postes de volontaires arméniens, qui gardent la neutralité, mais qui doivent s'opposer par la force à toute pénétration turque en ville arménienne; ces postes sont étayés par une section sénégalaise qui occupe l'église latine.

Devant la recrudescence offensive des troupes nationalistes réfugiées dans Aïn-Tab, pour mieux assurer la défense de la transversale, et afin aussi de couper court aux conversations qui se font trop souvent de part et d'autre de cette rue, entre Arméniens et Turcs, on fait occuper cette ligne par une compagnie de tirailleurs algériens, dont les postes s'intercalent entre ceux des Arméniens; une section de cette compagnie s'installe au village kurde, à l'extrémité sud de la transversale, et, de cette façon, tout ce côté est désormais à l'abri des surprises.

Dès qu'Euz Démir s'aperçoit de ce changement, il adresse un ultimatum aux Arméniens, dans lequel il menace leur ville de destruction, si les Français signalés sur la transversale y sont encore aperçus. Après lui, le mutessarif envoie aussi une lettre, ayant

[illegible] Tab. — Collège américain. — Fortifications : les boyaux.

Le siège d'Aïn-Tab. — Fortifications : les transversales.

même objet, mais rédigée en termes courtois et modérés.

Dans l'après-midi du 30 septembre, une vive fusillade éclate sur toute la longueur de la transversale; ce sont nos tirailleurs qui tirent sur les Turcs, mais ce sont, aussi, les Arméniens qui ne veulent plus entendre parler de neutralité. En effet, le comité directeur arménien, ayant décidé de reprendre la guerre contre les Turcs, vient au poste de commandement de la zone rendre compte de sa détermination et nous demander de prendre sous notre direction la compagnie de volontaires arméniens. La proposition est acceptée et nous aimons à déclarer dès maintenant que, jusqu'à la fin du siège, cette petite troupe s'est admirablement battue, a fait preuve d'une bravoure peu commune en maintes circonstances, en même temps que d'une parfaite loyauté.

Attaque du 30 septembre.

Ce même jour, 30 septembre, à partir de midi, l'artillerie turque exécute des réglages sur nos nouvelles positions de l'est; il faut s'attendre à quelque chose pour la nuit prochaine. C'est vers 3 h. 45 que l'attaque turque commence par un premier assaut sur la compagnie déjà attaquée, la nuit précédente, c'est-à-dire sur nos organisations les plus rapprochées de la ville; l'ennemi est rejeté par nos feux. Une heure plus tard, un deuxième assaut est lancé à la jonction des deux bataillons, à 200 mètres environ au sud de la route de Nizib; il n'a pas plus de succès que le premier. Enfin, quelques minutes plus tard, un troisième groupe de nationalistes tente une action sur la compagnie qui tient les hauteurs nord du col de Nizib; ce groupe, d'environ 150 assaillants, réussit à se cramponner à quelques mètres de nos lignes avec l'intention probable de sauter dans nos organisations à la première occasion; il faut noter que la nuit est très obscure, que l'on n'y voit absolument rien, ce qui facilite beaucoup les entreprises de notre adversaire. Celui-ci fait le mort pour donner aux nôtres l'impression qu'il s'est retiré; mais il est éventé et le commandant du point d'appui lance sa section de réserve en contre-attaque sur le flanc des Turcs qui, surpris, fuient, en toute hâte, vers la ville. Au lever du jour, on compte trente-cinq cadavres restés devant les fronts assaillis, à proximité de nos lignes, ce qui indique des pertes assez considérables, car il ne faut pas oublier que les Turcs enlèvent toujours les morts et les blessés qu'ils peuvent ramasser.

Nos pertes sont de sept blessés, dont trois officiers.

Un autre fait à noter, c'est que l'artillerie ennemie n'a pas tiré un seul obus pendant l'exécution de ces trois attaques; elle se rattrape d'ailleurs le lendemain en arrosant les mêmes positions avec cent soixante-dix obus de petit calibre et quelques 105.

Après ces actions, et jusqu'à la dernière dizaine d'octobre, notre adversaire de l'intérieur ne cherche plus à attaquer; celui de l'extérieur se recueille également et laisse passer nos convois à peu près tranquillement; nos harcèlements sur les fortifications turques ne se font que plus violents, surtout pendant la nuit, afin d'entraver davantage la rentrée des ravitaillements.

Les kémalistes cherchent alors à gêner notre circulation sur le plateau du Marabout où sont installés nos bivouacs, en faisant tirer dans cette direction des tirailleurs postés dans les minarets; plusieurs avertissements ont déjà été envoyés au mutessarif et au commandant des troupes à ce sujet. Un de nos hommes de corvée est blessé très grièvement, le 2 octobre au soir, par un coup de feu provenant de la mosquée Iki-Chériféli; le lendemain, notre artillerie abat le minaret de cette mosquée et, aussitôt après, la lettre suivante est adressée au mutessarif :

Le Commandant des troupes françaises, à Son Excellence le Mutessarif d'Aïn-Tab.

J'ai eu l'honneur d'attirer plusieurs fois votre attention, notamment par ma lettre du 28 septembre dernier, sur le fait que les soldats turcs tirent sur nos positions, du haut des minarets. Je vous avisais que si pareil fait se renouvelait, je n'hésiterais pas à faire bombarder les mosquées. Or, il m'a été rendu compte à nouveau, que depuis quelques jours des coups de fusil sont tirés du minaret Iki-Chériféli. Cet édifice vient d'être détruit aujourd'hui par notre artillerie.

Je vous informe qu'il en sera de même pour tous ceux dont vous vous serviriez encore pour tirer sur les positions françaises.

Veuillez agréer.....

Deux coups de main sur l'école Négogocian.

L'école Négogocian, tenue par un fort poste turc, fait saillant dans nos lignes en face de l'église latine; ce bâtiment est très fortifié, mais on pense pouvoir s'en emparer après une bonne préparation par le 155.

L'opération est confiée à une compagnie d'élite dont le commandant étudie à fond tous les détails depuis plusieurs jours. Artilleurs, grenadiers, voltigeurs et mitrailleurs examinent et arrêtent sur place les différentes phases de l'attaque. Le 5 octobre, au début de l'après-midi, l'artillerie lourde exécute un tir de destruction qui met à bas le mur d'enceinte et fait éclater ceux du bâtiment; aussitôt après, le peloton de tirailleurs chargé de l'assaut se met en mouvement, encagé par le tir d'une batterie de 75, par des grenades lancées des fenêtres arméniennes voisines et par des mitrailleuses bien placées protégeant spécialement les flancs.

Le siège d'Aïn-Tab. — L'école Négogocian.

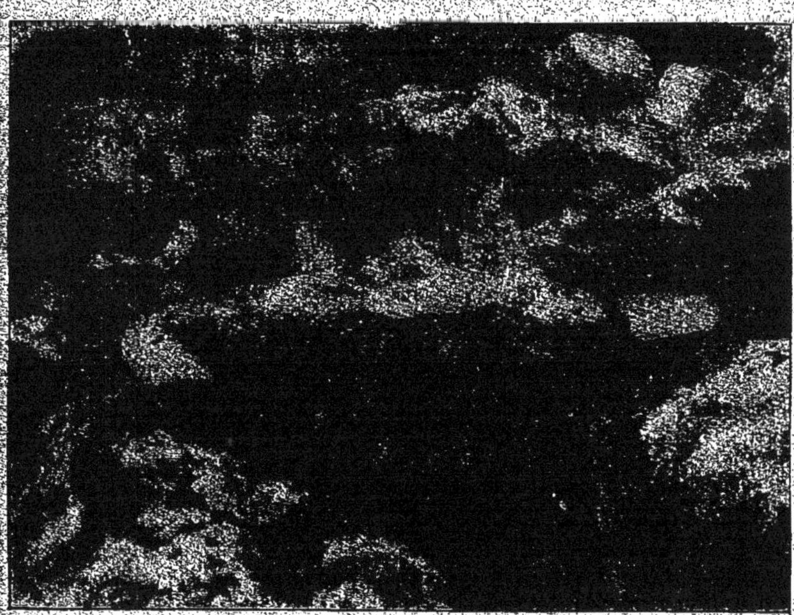

Le siège d'Aïn-Tab. — Tranchée couverte de 2e ligne turque (Vue prise après la destruction partielle de l'ouvrage).

Le détachement d'assaut pénètre assez facilement dans la cour de l'école, par les brèches, mais il est cloué sur place dans la cour même par des mitrailleuses enterrées qui tirent au ras du sol, et par d'autres engins installés dans une mosquée voisine; il lui est alors impossible d'avancer et déjà ses pertes sont sensibles, lorsque le chef ordonne la retraite. Cette dernière, bien protégée, s'exécute en bon ordre et est facilitée par une barricade que les Arméniens ont élevée dans la rue en quelques minutes dès le commencement de l'assaut.

Nos pertes sont de deux tués et dix blessés.

Ce premier coup de main nous donne une idée de la solidité des organisations turques et de la valeur des défenseurs. Nous aurions dû en rester là; mais, des doutes s'étant élevés sur l'habileté des exécutants, l'opération est renouvelée le 14 octobre. Elle est confiée à des officiers spécialistes en coups de main sur le front français.

Comme pour la première fois, étude minutieuse de tous les détails, de l'action de l'artillerie et de celle des grenadiers. Il y aura deux attaques, l'une sur l'école et l'autre sur la mosquée située à côté, où des tireurs et lanceurs de grenades turcs se sont révélés le 5 octobre.

Le 14, la section de 155 écrase de ses obus l'école et la mosquée; il ne reste plus qu'un pan de mur de l'école, la destruction est donc complète; les groupes se précipitent sur leurs objectifs; la mosquée est enlevée, les Turcs se sont retirés par des boyaux un peu avant l'arrivée des nôtres. Il n'en est pas de même à l'école, où la section d'assaut a pu pénétrer dans les décombres du bâtiment, mais où elle est fusillée à bout portant par des défenseurs abrités dans les caves restées intactes et tirant par des créneaux maçonnés. Il y a bien un commencement de lutte à la grenade, mais, l'air devenant irrespirable, la section est obligée de se retirer en emportant ses morts et ses blessés, qui malheureusement se chiffrent par quatre morts et dix blessés.

Le groupe de la mosquée ne pouvant tenir où il est, tant que l'école Négogocian reste aux Turcs, est rappelé.

Voilà donc un second coup de main, préparé avec toute la minutie possible et exécuté par une unité d'élite, qui échoue encore; nos ennemis se sont très solidement fortifiés; ils possèdent des abris à l'épreuve de nos obus de 155, où ils se réfugient pendant le bombardement, et, dès qu'ils sentent venir l'assaut, ils sautent à leurs emplacements de combat, prêts à nous recevoir. On sait aussi que le combattant turc est un brave soldat qui a toujours excellé dans la défensive et, comme conclusion, on peut avancer encore une fois que la réussite d'une attaque générale sur la ville est bien problématique.

Donc, patience, et attendons que la ville ait faim; nous l'aurons sûrement alors.

D'ailleurs, notre situation s'améliore beaucoup dans les environs d'Aïn-Tab; les villages ne se vident plus au passage de nos convois; bien au contraire, paysans et paysannes viennent nous vendre leurs produits. Ikis-Kouyou, bivouac ordinaire des convois-navettes hebdomadaires, est maintenant un marché important où nous achetons beaucoup; la confiance se fait de plus en plus grande et l'ancienne terreur, résultant des calomnies répandues sur notre compte, a fait place à une presque sympathie. Des chefs de bandes et de villages qui nous étaient franchement hostiles jusqu'ici gardent la neutralité aujourd'hui; quelques-uns ont demandé à faire leur soumission.

Si les kémalistes de l'extérieur n'agissent plus guère offensivement depuis quelque temps, ils ne restent cependant pas inactifs; ils se réorganisent et, pour se renforcer, ils ont décrété la mobilisation des hommes valides de 16 à 30 ans; le recrutement se fait par la force et on n'hésite pas à incendier les maisons de ceux qui cherchent à se soustraire au service; le terrorisme s'exerce partout; des réquisitions importantes, qui ne sont jamais remboursées, sont imposées aux paysans, qui, excédés, se désaffectent d'une cause dont ils ne comprennent pas très bien les mobiles. Nous ne pouvons que gagner à cet état d'esprit et les troupes kémalistes s'en ressentent fatalement; les paysans, recrutés par la force, désertent en grand nombre malgré les punitions sévères infligées à ceux qui sont repris.

Dans Aïn-Tab, la situation n'est pas meilleure pour les nationalistes; les lamentations s'élèvent de plus en plus nombreuses au sujet des privations, du manque de farine et de la vie très dure dans les caves et les grottes, d'où les habitants ne peuvent sortir sans risquer les balles de notre harcèlement. Toutefois, le commandement s'exerce toujours avec énergie par le comité nationaliste, qui emprisonne et même fait exécuter ceux qui parlent de soumission.

Une délégation de notables s'est rendue à Angora, il y a une dizaine de jours, auprès de Mustapha Kémal pacha pour lui exposer les souffrances de la population, le chef nationaliste a répondu par un discours laudatif, louant le patriotisme des Aïn-Tabins, promettant des renforts, mais sans donner aucune précision sur l'époque; la délégation est revenue quelque peu déçue.

L'exode de la population d'Aïn-Tab, décrété par le comité nationaliste, et annoncé il y a près d'un mois, se fait pendant la nuit par petits paquets, vers les directions Marache et Nizib, avec détour par Bédir-Keui, pour éviter nos lignes. Toute personne ou toute famille qui s'en va doit, au préalable, verser dans la caisse du comité une contribution proportionnelle à sa fortune; c'est ainsi qu'une famille riche, partie tout dernièrement, a laissé 800 livres or, soit, au taux du jour, 5.600 francs. Les dirigeants nationalistes sont gens pratiques avant tout.

On arrive au 20 octobre sans que l'ennemi de l'extérieur ait cherché à inquiéter nos convois, depuis l'extension de notre front sous Aïn-Tab, mais il s'est recueilli, réorganisé et renforcé par la levée de nouvelles classes et il semble qu'il est prêt maintenant à passer de nouveau à l'offensive.

Le 20 octobre, le huitième convoi-navette, rentrant à Aïn-Tab, est canonné à l'entrée du défilé de Néfak par une batterie turque qu'il n'a pas été possible de bien repérer, mais que l'on suppose avoir pris position sur la Ballicaïa. Cette batterie tire plus de 200 obus qui nous occasionnent des pertes sensibles : 3 tués, 4 blessés, 3 conducteurs civils tués, 4 blessés et 15 animaux tués. Aucune action d'infanterie ne se produit.

C'est un avertissement qui confirme des renseignements sérieux recueillis sur les forces kémalistes et sur leurs nouvelles intentions. Elles s'attaqueraient dorénavant plus spécialement à nos convois qui sont pour elles une proie tentante en raison des approvisionnements de toutes sortes qu'ils transportent. Il va falloir ouvrir l'œil, renforcer les escortes, et quelquefois voler à leur secours.

Renseignements sur les formations kémalistes.

Le dernier convoi apporte des renseignements particulièrement intéressants sur l'organisation et la répartition des armées kémalistes : les voici résumés.

Les forces nationalistes se répartissent en trois catégories :

1° Les soldats réguliers;

2° Les volontaires;

3° Les Tchétés.

Les officiers sont répartis comme suit entre ces trois formations :

1° Officiers de carrière en activité, dans les troupes régulières;

2° Officiers de réserve, encadrent les volontaires;

3° Les bandes de Tchétés sont commandées par des civils.

Avant le 15 juillet 1920, le front sud était réparti en secteurs ayant chacun un commandant particulier, dépendant directement de Mustapha Kémal pacha, mais, depuis cette date, le front sud forme un territoire sous le commandement du colonel d'état-major Salah Eddin bey. Le quartier général est en principe à Bozanti, mais, en pratique, il se trouve à Béder-Keuï, 20 kilomètres nord d'Aïn-Tab.

Le front sud comprend les anciens secteurs de Kenui-Eregli, Adana, Morzune, Osmanié, Islahié, Marache, Aïn-Tab, Biredjik; il est tout entier sur la rive droite de l'Euphrate. Le 3ᵉ corps d'armée à Sivas et le 13ᵉ à Diarbékir forment la réserve de ce front et doivent, en conséquence, satisfaire à ses demandes d'armes et de munitions.

Le front sud est occupé par un corps d'armée qui n'a pas de numéro et qui est désigné sous le nom de corps d'armée du Sud; il ne comprend qu'une seule division régulière, tout le reste est tchété.

La division comprend trois régiments :

1er régiment de Marache;

2e régiment d'Aïn-Tab;

3e régiment de Bozanti.

Les régiments sont de nouvelle formation; ils n'ont pas de numéro et sont désignés par des noms de régions; ils comprennent, en principe, quatre bataillons. L'effectif des bataillons est de 1.200 hommes, mais, en réalité, ils n'en ont pas plus de 500.

Les forces régulières opérant sous Aïn-Tab sont sous les ordres du lieutenant-colonel Husni. En avril 1920, au moment de la concentration sous Aïn-Tab des colonnes françaises Debieuvre et Normand, le 9e régiment turc du Caucase a été envoyé dans la région et y est toujours resté depuis.

Un deuxième régiment, avec six canons, commandé par le major Noury bey, est venu d'Ourfa à la même époque; c'est lui qui a attaqué le poste du Sadjour en juillet.

Un régiment de cavalerie de 300 sabres, provenance d'Ourfa, a renforcé le groupement Noury bey.

Un quatrième régiment mixte d'infanterie et de cavalerie, commandé par le major Kenan bey, a été envoyé de Diarbekir.

Le bataillon Yelderen, qui constitue la garnison d'Aïn-Tab, est une unité du 9e régiment du Caucase.

Le commandant des Tchétés de Marache, Aïn-Tab et environs se nomme Ali Kilidji pacha.

En résumé, les troupes régulières qui opèrent autour d'Aïn-Tab comprennent actuellement :

Le 9ᵉ régiment du Caucase, dont le bataillon Yelderen fournit la garnison de la ville;

Le régiment de Marache, à trois bataillons à effectifs réduits;

Le régiment Noury bey, renforcé de 300 sabres;

Le régiment mixte de Kenan bey.

L'artillerie comprend :

Une pièce de 75 de montagne;

Trois pièces de 75 (deux russes automatiques et une Schneider), avec le régiment du Caucase;

Six obusiers de 75, avec le régiment de Kenan bey;

Un obusier de 105 russe.

Les pièces sont très usagées et il est rare que toute l'artillerie puisse être mise en action en même temps; il y a peu de munitions.

Renseignements sur les Tchétés.

Les principaux chefs de bandes de la région sont : Sadix, effendi de Tem-Baschar; Habach, effendi de Nizib; Mohamed, effendi également de Nizib; Fayad de Mezerei et d'autres moins importants. Chacun de ces chefs n'a guère qu'une centaine d'hommes sous ses ordres; ils obéissent tous, généralement à Husmi bey, commandant le secteur hors de la ville.

Renseignements sur Aïn-Tab.

Comme dans toutes les villes soumises au régime kémaliste, un haut commandement, tant civil que militaire, est constitué par un comité dit de la « défense nationale », composé de dix membres. Le président du comité d'Aïn-Tab est le commerçant Férid effendi. Le commandant des troupes Euz Démir, et le mutessarif doivent obéir aux ordres du président du comité.

Ce dernier relève du commandant du front sud, Salaheddin bey, qui est le représentant de Mustapha Kémal.

La ville est défendue :

1° Par une garnison fixe composée du bataillon Yelderen;

2° Par des Tchétés aux ordres du commandant du bataillon.

Ces forces sont réparties en vingt-sept détachements distribués sur tout le pourtour de la ville.

Les fonctionnaires et les officiers supérieurs sont décidés à la résistance jusqu'au bout; les bas-officiers, les soldats et la population en ont assez; mais la guerre continue en raison des bruits ci-après, que l'on a eu soin de répandre dans la population pour la tromper :

1° Arrivée prochaine et certaine d'importantes forces bolchéviques; Enver pacha et son frère Noury pacha ont formé deux armées : l'armée verte et l'armée rouge, qui sont en route pour sauver Smyrne et Aïn-Tab : la proclamation des Soviets fera riches tous les pauvres;

2° D'après les ententes internationales, les Français ne peuvent avoir que 30.000 hommes en Orient; comme il leur est impossible de remplacer leurs pertes, ils s'affaiblissent donc de plus en plus et il arrivera un moment où ils seront battus;

3° Si les Français prenaient Aïn-Tab, ils se livreraient à des représailles terribles; tous ceux qui, de près ou de loin, activement ou passivement ont pris part à la guerre seront mis à mort.

Il est bien certain qu'avec une telle propagande on éteint dans la population toute velléité de soumission.

Il faut donc s'attendre à voir la résistance se prolonger encore longtemps.

Protection des convois-navettes (Croquis n° 9).

Le 23 octobre, le neuvième convoi-navette quitte Aïn-Tab; des mesures spéciales de protection sont prises pour lui permettre de franchir sans encombre les défilés de Nurgham-Néfak; le dispositif réalisé est le suivant :

1° Installation d'un bataillon sur le massif du Ballicaïa, cote 959, où l'artillerie ennemie peut mettre en batterie pour frapper sur le convoi;

2° Occupation des hauteurs nord de Pierki par un bataillon et une section d'artillerie de montagne, avec mission de soutenir le précédent détachement et de s'opposer aux infiltrations qui viendraient du Nord;

3° Installation d'un groupement de deux compagnies et d'une section de montagne sur les hauteurs de Nurgham pour surveiller les crêtes à l'ouest de la route;

4° Occupation par un détachement d'un bataillon, une section de montagne et un peloton de cavalerie des collines 853-Néfak pour commander la plaine de Sazguine.

5° Installation d'une batterie de 75 sur les pentes est du plateau du marabout pour appuyer ou soutenir les différents détachements;

6° Enfin, un escadron de cavalerie reconnaît en direction de Nizib, en même temps qu'il établit la liaison entre les deux bataillons du nord.

Ce dispositif, appliqué pour la première fois le 23 octobre, et repris dans la suite, à l'aller et au retour de chaque convoi, a toujours donné satisfaction.

Le 23 octobre, l'ennemi n'est rencontré qu'à 853 et encore en petit nombre. 21 prisonniers restent entre nos mains, ainsi qu'un troupeau de 100 bœufs, 40 moutons et 8 ânes chargés de maïs; quelques fusils et munitions sont également ramassés.

Des renseignements recueillis aujourd'hui, il ressort qu'un millier de réguliers, avec plusieurs canons, sous le commandement de Kénan bey, commandant la division de Mardine, arrivés depuis peu de temps dans la région de Nizib, auraient l'intention d'attaquer le convoi à son retour sur Aïn-Tab; le lieu d'attaque choisi serait la région sud d'Ikis-Kouyou.

Par prudence, un détachement de un bataillon, une demi-batterie de 75 et un escadron de cavalerie est dirigé, le 25 octobre, sur Ikis-Kouyou, où le convoi doit arriver le 26; les deux détachements opèrent leur jonction au village même, sans que ni l'un ni l'autre aient été inquiétés; ils rentrent à Aïn-Tab de 27, protégés par le dispositif de sûreté dont il est question plus haut. Les troupes de ce dispositif se heurtent, sur le plateau est d'Ouroum Evlic, à des retranchements fraîchement construits et fortement tenus; la hauteur du Ballicaïa est également occupée par les Turcs jusqu'à la crête 976.

Après une heure de combat, et sous une menace d'enveloppement, les nationalistes se décident à la retraite; nos tirailleurs prennent possession de leurs retranchements, dans lesquels ils trouvent douze cadavres, dont plusieurs en uniforme de réguliers; le renseignement indiquant l'arrivée des troupes de la division de Mardine est donc bien exact.

Cependant, rien de bien important ne se passe jusqu'en novembre; on exécute chaque jour du harcèlement par mitrailleuses et obus, le 155 se déplaçant autour de la ville pour détruire les fortifications signalées par les commandants de secteurs. Les nuits sont généralement agitées sur la transversale, où la fusillade et les grenades se font souvent entendre.

Le 29 octobre, on échange plusieurs enfants turcs recueillis par nous au cours d'une embuscade de nuit contre un tirailleur sénégalais fait prisonnier par les nationalistes à l'affaire du 17 août dernier. Ce Sénégalais déclare que, durant son séjour à l'hôpital turc, il a constaté quotidiennement trois ou quatre décès; la nourriture était très insuffisante et le prisonnier a entendu dire que les médicaments faisaient défaut.

Depuis quelque temps déjà, des travailleurs assez nombreux sont aperçus sur les hauteurs de Beyler-Beylic et du col de la route de Marache; une forte reconnaissance est envoyée de ce côté, le 31 octobre; elle ne trouve personne, mais détruit une ligne télégraphique faisant communiquer la ville avec l'extérieur.

Les renseignements rapportés par la reconnaissance sont les suivants : les retranchements ennemis suivent la ligne des hauteurs, col de la route de Marache, Deulluk-Baba, col et marabout de Beyler-Beylic; ils consistent en éléments de tranchées creusés sur deux lignes, la première en crête militaire face au sud, la seconde en crête topographique, permettant de tirer par-dessus la première; actuellement, l'ennemi n'occupe pas ces positions et ne doit laisser là que des postes de surveillance; ces derniers, en effet, ont été repérés à plusieurs reprises par nos observateurs.

Pendant la nuit du 2 au 3 novembre, les Turcs exécutent un coup de main sur le poste sénégalais de l'église latine; ils sont repoussés et le lendemain leur artillerie bombarde le quartier arménien; avant le commencement du tir, le placard ci-après est lancé aux Arméniens par un poste turc de la transversale :

Je vous communique que la ville de Kars a été occupée par nos troupes le 30 octobre; l'armée arménienne a été coupée en deux après une grosse défaite; un ministre, une partie des hauts fonctionnaires, le général Piré, commandant la place, deux autres généraux, 50 officiers et 500 soldats sont prisonniers. Nos braves troupes ont si vigoureusement attaqué que les troupes arméniennes n'ont pas résisté plus de trois heures. — Signé : Euz Démir.

Essai d'intimidation qui ne peut avoir aucun effet, les deux races se haïssent trop.

Le dixième convoi-navette part d'Aïn-Tab le 23 octobre, avec une escorte portée à trois bataillons en raison des bruits d'attaque qui continuent à circuler; ce convoi revient le 3 novembre sans être inquiété; les troupes du dispositif de protection ont un engagement vers 853, où deux de nos tirailleurs sont blessés.

Propagande nationaliste.

La propagande nationaliste se fait très active dans les campagnes; les Turcs cherchent à circonvenir nos tirailleurs algériens, musulmans comme eux, et leur font distribuer des tracts par les villageois qui se rendent au marché d'Ikis-Kouyou au moment du passage des convois de ravitaillement. Ces tracts sont habilement rédigés, en voici une copie :

A nos frères habitant l'Algérie, la Tunisie et tous les pays arabes.

Frères de religion : comment votre conscience vous permet-elle d'employer vos armes contre vos frères de religion qui sont les soldats d'un gouvernement musulman qui est chargé de garder les lieux saints et le khalifat des musulmans. Est-ce que votre dévouement vous permet d'attaquer les pays de vos frères qui ont pitié de votre état et qui vous plaignent.

Chers frères, si nous continuons ainsi à aider nos ennemis de religion, soyez sûrs que vous serez la cause de la suppression de l'islamisme, et ce sera une grande erreur de votre part auprès de Dieu et de son prophète. Le bon Dieu aime ceux qui combattent pour sa cause; si vous faites le contraire, quelle réponse donnerez-vous le jour du jugement dernier?

Dieu n'a pas ordonné la guerre sainte pour le profit des Français qui font leurs efforts pour occuper nos villes et supprimer notre religion. Je vous conseille de ne pas employer vos armes contre vos frères musulmans et hâtez-vous de venir le plus tôt possible de notre côté; nous vous attendons avec impatience; ici votre vie sera en sûreté et vous serez tranquilles.

N'ayez pas confiance en nos ennemis de religion et ne croyez pas ce qu'ils vous disent. Notre carrière est juste; notre but est d'assurer notre bonheur dans les deux mondes, tandis que le vôtre vous mène à l'égarement et aux pertes.

Si vous venez chez nous, vous serez reçus amicalement et nous serons heureux de vous voir parmi nous; ainsi nous travaillerons ensemble pour sauver les pays des musulmans ainsi que nos frères de religion.

Signé : Un Membre du Comité musulman.

Toute cette propagande, tous ces tracts n'ont eu aucun effet; tirailleurs et spahis ne se sont jamais départis de leur loyalisme. Admirables soldats, très braves dans la bataille, parfaitement disciplinés, ils font une excellente impression partout où ils passent. Nous les aimons à l'égal de nos soldats de France, ils savent d'ailleurs le reconnaître et nous le rendre en affection et en dévouement.

CHAPITRE XI.

Attaque du 12e convoi-navette (16 novembre 1920).

(Voir croquis n° 12.)

Le 12e convoi-navette, commandé par le chef de bataillon Goetz (1), de l'infanterie coloniale, part d'Aïn-Tab le 13 novembre, escorté par trois bataillons, dont deux à effectifs réduits (environ 300 combattants chacun), une demi-batterie de 75, une demi-batterie de 65 et un escadron de spahis.

En cours de route, les officiers remarquent que les villages sont presque déserts, quelques vieillards seuls sont restés; c'est une chose bien anormale, surtout en cette saison de labourages et de semailles. Le détachement arrive à Ikis-Kouyou et installe son bivouac, comme à l'ordinaire, à l'ouest du village. On cherche à se renseigner; on interroge le mouktar d'Ikis-Kouyou qui répond ne rien savoir; toutefois, il précise que les kémalistes ont demandé des bœufs de grande taille pour traîner de gros canons.

Pendant la nuit, un petit chef arabe des environs de Tel-Bashar, lequel a fait sa soumission il y a quinze jours, vient au bivouac français et dévoile le plan kémaliste au commandant du convoi.

Le convoi sera attaqué, à son retour sur Aïn-Tab, par de grosses forces nationalistes rassemblées à Nizib; ces forces comprennent 1.500 réguliers, 3.000 irréguliers et une dizaine de canons; elles sont commandées par le colonel Kénan bey, commandant la 5e di-

(1) Tué sous Aïn-Tab, le 27 décembre, par un obus turc de 150.

vision turque (division de Mardine). Des emplacements de batterie pour neuf canons, dont plusieurs lourds, ont été reconnus sur le djebel Karabouroum (cotes 748 et 749) et sur les crêtes de Zramba; enfin, des travailleurs ont été réquisitionnés dans les villages pour creuser des tranchées et des abris. Lorsque les Turcs se seront emparés du convoi, ils marcheront ensuite sur Aïn-Tab pour débloquer la ville.

Le convoi fait route, le lendemain 14 novembre, sur le Sadjour, où il arrive sans incident, et où un tchété déserteur, qui s'est rendu la veille à notre poste, confirme les renseignements recueillis à Ikis-Kouyou. Ces renseignements sont aussitôt envoyés à Alep, à la division d'une part, et à Aïn-Tab de l'autre; la liaison est parfaite.

Le commandant du convoi est donc exactement renseigné et, de plus, le 16 au matin, quand il quitte le Sadjour, il sait aussi que l'attaque turque se fera vers le village de Youna. Son premier et grand souci est de mettre le convoi à l'abri des obus ennemis, et pour ce faire, il constitue un détachement d'attaque, comprenant un bataillon (celui à effectif fort : 700 combattants), une demi-batterie de 65 et un peloton de cavalerie, auquel il donne pour mission de s'emparer du Karabouroum, emplacement des batteries ennemies, de s'y installer et d'y rester jusqu'à ce que la queue du couvoi ait franchi le Tozel-Souyou.

Les 500 voitures et 800 chameaux du convoi suivront l'itinéraire habituel sous la protection du reste de l'escorte, soit deux petits bataillons, une demi-batterie de 75 et trois pelotons de cavalerie.

D'autre part, à Aïn-Tab, on organise un détachement de secours, comprenant : un bataillon, une demi-batterie de 65, une demi-batterie de 75 et un escadron de cavalerie; sa mission est de se porter sur Ikis-

Kouyou par une marche de nuit, d'y arriver le 16 au matin et de prendre l'ennemi entre ses forces et celles du convoi.

MARCHE DU CONVOI.

(Voir croquis n° 12.)

Le convoi-navette quitte le Sadjour le 16 novembre à 5 heures; les voitures et animaux suivent la piste, tandis que le détachement de manœuvre marche droit sur 709. Ce groupement est en formation échelonnée, la gauche en avant; une compagnie et un peloton de mitrailleuses en premier échelon; une compagnie, une section de mitrailleuses et le canon de 37 en deuxième échelon, très largement débordant à droite; une compagnie, une section de mitrailleuses en réserve, en arrière de l'intervalle des deux premiers échelons; l'artillerie de 65 marche avec le troisième échelon, et le peloton de cavalerie éclaire en avant.

A 8 heures, les cavaliers de pointe arrivent au bas des pentes de 709, où ils sont accueillis par une fusillade partant du sommet; l'officier qui commande fait mettre pied à terre et engage le combat; il est bientôt rejoint par la section de tête du premier échelon. La section de 65 exécute une bonne préparation sur 709 après laquelle cavaliers et fantassins se portent à l'assaut; les Turcs ne tiennent pas et s'enfuient dans toutes les directions; la crête est enlevée par les spahis et les tirailleurs qui capturent deux canons avec leurs munitions, une mitrailleuse et un capitaine de réguliers grièvement blessé.

Le premier échelon tout entier arrive sur 709 et prend tout de suite ses dispositions pour poursuivre, par les crêtes, sur 748. La compagnie du deuxième échelon marche sur le même objectif par les pentes est

819
859
Zramba
Tel Baschar
Tkiskouyou
Canal
Soumboylé
748
Tozel Souyou
709
Kilagouz
Youka
Poste
du Sadjour
Sadjour
voie ferrée
Marais

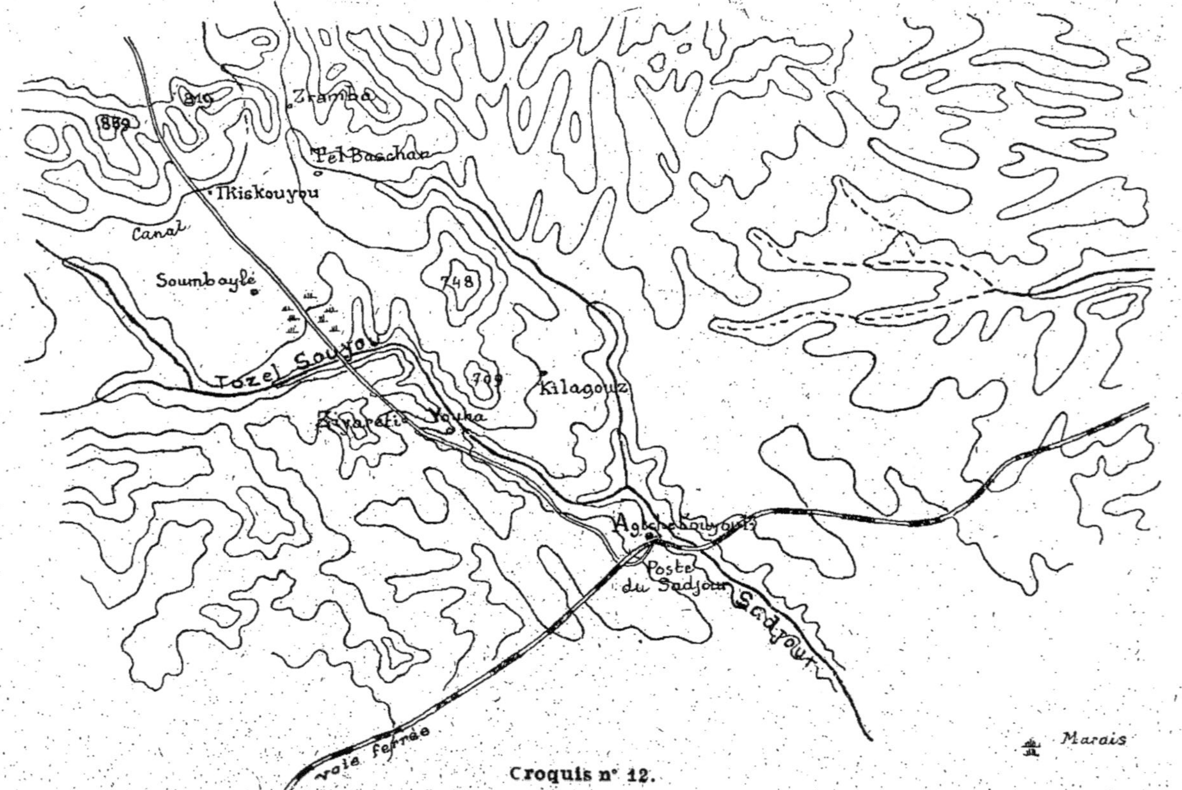

Croquis n° 12.

du Karabouroum; mais, lorsque cette unité arrive à la hauteur de Kilagouz, elle est clouée sur place par des obus venant de 748 et des feux de mitrailleuses partant de plusieurs points.

Le troisième échelon (réserve) reçoit alors l'ordre de déborder par l'est de Kilagouz; le mouvement commence bien, mais la compagnie est, elle aussi, arrêtée à hauteur du village par des feux qui ne lui permettent plus d'avancer. De plus, cette unité est sérieusement menacée sur sa droite par des infiltrations de nombreux fantassins turcs que notre artillerie ne parvient pas à arrêter.

Cette menace peut être grosse de conséquences pour le détachement entier; le commandant s'en aperçoit et, avant qu'il soit trop tard, il rappelle ses unités sur 709 et abords, où il décide de tenir pour couvrir la marche du convoi. Le mouvement s'exécute en très bon ordre sous la protection de la section de 65; le feu ennemi redouble de violence et nous cause des pertes sensibles, mais toutes les fractions arrivent quand même sur les emplacements fixés, et lorsque la dernière voiture a franchi le Tozel-Souyou, le bataillon retraite alors sur la queue du convoi, par échelons, et cette fois sans être bien inquiété.

Pendant que se déroule ce combat sur le flanc droit, il s'en produit un autre sur la gauche du convoi; lorsque celui-ci arrive à hauteur de Youna, sa flanc-garde de gauche reçoit une fusillade partant des crêtes de Ziyareti; on aperçoit de ce côté de forts groupes turcs qui occupent des tranchées. La section de 75 canonne vigoureusement les retranchements ennemis et deux compagnies sénégalaises partent ensuite à l'assaut; elles enlèvent les positions turques et capturent 2 capitaines de réguliers blessés, 3 mitrailleuses, des fusils, des munitions ainsi que du matériel et des équipements abandonnés par les fuyards.

Le convoi reprend ensuite sa marche sur Ikis-Kouyou.

MARCHE DU DÉTACHEMENT DE SECOURS.

Le détachement de secours quitte Aïn-Tab le 16 novembre à minuit, arrive sans incident jusqu'en vue des collines nord d'Ikis-Kouyou; mais là, ses cavaliers de pointe sont accueillis par une fusillade nourrie partant de la ligne des hauteurs 819-859; l'artillerie de groupement se met en action sur ces crêtes pendant qu'une compagnie et le gros de l'escadron de cavalerie exécutent un mouvement débordant vers l'ouest pour prendre en flanc les défenseurs.

Ceux-ci sont abrités dans des tranchées qu'ils ont creusées face au sud, en vue d'arrêter le convoi et le retenir sous l'attaque turque venant de l'est; ils n'ont pas pensé qu'eux-mêmes pouvaient être attaqués; surpris de voir les Français dans leur dos, ils se rendent vite compte de leur mauvaise situation; aussi n'insistent-ils pas pour combattre et ils se retirent partie vers l'ouest et partie vers l'est sous la protection d'une batterie kémaliste installée dans les environs de Zramba.

Le détachement de secours occupe les hauteurs 819-859 et son artillerie contrebat aussitôt la batterie turque qui est réduite au silence en peu de temps.

A 9 heures, les cavaliers du convoi font leur jonction avec ceux du détachement de secours, et le commandant du convoi demande à son collègue de rester sur les hauteurs d'Ikis-Kouyou qui vont constituer la face nord du bivouac.

A 10 heures, l'ennemi exécute un timide retour offensif sur 819, et un autre à 14 heures sur 859; il échoue dans ses tentatives et, vers 20 heures, le parc est formé; rien n'a été perdu en route.

JOURNÉE DU 17 NOVEMBRE.

(Voir croquis n° 9).

Le 17 novembre, à la pointe du jour, convoi et détachement de secours reprennent leur marche sur Aïn-Tab. Un bataillon doit se porter sur le Ballicaïa, où l'artillerie nationaliste peut prendre position et tirer sur le convoi; ce bataillon ne peut exécuter entièrement sa mission; le massif du Ballicaïa est très fortement tenu et son escalade par le sud est très difficile en raison des pentes abruptes et des rochers qui se trouvent de ce côté. Le bataillon s'arrête donc sur les hauteurs est d'Hadjar, d'où il harcèle l'adversaire et l'empêche de s'occuper du convoi, mission principale de ce détachement.

Un autre bataillon reçoit 853 comme objectif; il y trouve 200 à 300 irréguliers qui abandonnent la partie après quelques obus tirés sur eux.

Le convoi passe alors librement dans les défilés Néfak-Nurgham et rentre au bivouac d'Aïn-Tab dans l'après-midi avec toutes ses voitures.

Nos pertes sont malheureusement assez élevées :

6 tués, dont un officier;

37 blessés, dont un officier;

Une trentaine d'animaux tués ou blessés.

Celles de l'ennemi sont sévères; elles se chiffrent à plusieurs centaines; il est difficile de les calculer exactement, mais dans un seul bataillon, aux dires d'un prisonnier, il y avait déjà 40 morts lorsque ce Turc a été capturé.

25 prisonniers sont restés entre nos mains.

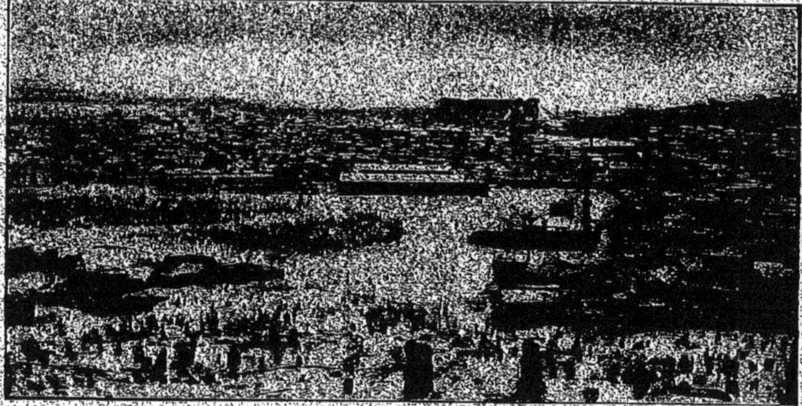

Panorama d'Aïn-Tab sous la neige.

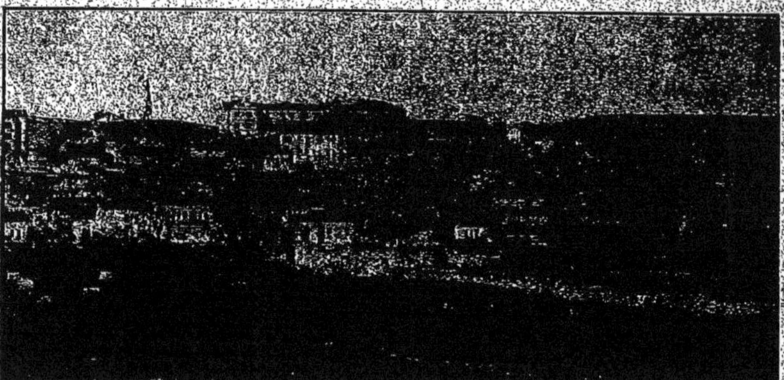

Aïn-Tab (quartier américain).

Les officiers turcs prisonniers fixent à 3.000 hommes les forces kémalistes qui ont attaqué le convoi sur les flancs et à 1.000 celles qui tenaient les hauteurs 819-859; l'artillerie avait 9 canons ainsi répartis : 2 à 709, 5 à 748, 2 sur la croupe est de Zramba.

Le colonel Kénan bey, commandant la 5ᵉ division turque, dirigeait en personne l'ensemble des forces régulières et irrégulières; le major Hilmi bey commandait le 24ᵉ régiment turc; les tchétés étaient conduits par les chefs de bande Sadik, effendi de Tel-Bashar; Hasbesch, de Nizib, et Boino Oglon, de Marache.

L'attaque avait été préparée depuis longtemps; dès le 10 octobre, Kénan bey attirait l'attention des commandants d'unités sur l'instruction à donner à leurs hommes, et la veille de l'attaque, des théories spéciales étaient faites pour exciter le courage des combattants et leur donner l'assurance de la victoire.

Enfin, une diversion sur les troupes du blocus d'Aïn-Tab devait empêcher l'envoi de tout secours au profit du convoi.

Cette diversion a eu lieu en effet le 16 novembre dans l'après-midi; l'artillerie turque, inactive depuis un mois, exécute ce jour-là des repérages sur nos positions du col de Nizib; de nombreux guetteurs sont signalés sur les crêtes 1043.

Le 17 novembre, vers 1 heure, on observe des échanges de fusées entre la ville et l'extérieur et, à 2 heures, l'attaque se déclenche sur la hauteur nord du col de Nizib, laquelle est abordée par trois côtés à la fois : ouest, nord, est. Les assauts sont arrêtés par les barrages d'artillerie et de mitrailleuses. A l'aube, tout s'évanouit, il n'y a plus personne nulle part.

Attaque du convoi et diversion sur Aïn-Tab constituent donc un gros échec pour notre adversaire, lequel avait mis tout en œuvre pour un succès retentissant, dont il avait d'ailleurs grand besoin pour remonter le moral de ses troupes. Kénan bey avait annoncé partout que le convoi serait enlevé et qu'ensuite, réguliers et irréguliers marcheraient sur Aïn-Tab.

Nos braves soldats ne lui ont pas donné cette satisfaction.

CHAPITRE XII.

Période du 20 novembre au 18 décembre.

Le général commandant la 2e division pensait bien pouvoir renforcer la colonne d'Aïn-Tab et lui donner les moyens de bloquer la ville sur toutes ses faces, mais des troubles, qui se sont encore produits sur d'autres points du territoire, immobilisent les bataillons qui auraient pu être disponibles. Cette agitation résulte du vaste plan kémaliste qui consiste à nous créer des difficultés partout, même en pays arabe, afin de nous obliger à disperser nos effectifs et à empêcher l'envoi de renforts à Aïn-Tab, où les troupes régulières préparent de grosses opérations.

L'état-major de l'armée, au courant de cette situation, veut en finir avec Aïn-Tab et décide que la plus grande partie des troupes de la division d'Alexandrette (4e D. I.) se portera sur Aïn-Tab en vue de faire tomber la place et de chasser les kémalistes des territoires soumis à notre mandat.

C'est le 20 novembre que ces troupes arrivent à Aïn-Tab. Le général Goubeau, commandant la 4e division, prend le commandement de l'ensemble des forces des 2e et 4e divisions, lesquelles comprennent à ce jour :

13 bataillons d'infanterie;
4 batteries de 75;
5 batteries de 65;
Une demi-batterie de 105;
Une demi-batterie de 155;
1 régiment et demi de cavalerie;
1 escadrille,

Investissement
d' AÏNTAB
21 Novembre 1920
Limite de Secteur
Secteur Nord Ouest
Secteur Nord Est
Secteur Sud
Secteur Ouest
Ville Turque
Ville Arménienne
Citadelle
Fortifications
Jardins
Ach Baba
Réduit
vers Kizis
Sadjour Riv.
vers Sadjour
vers Marache
vers Killis
Ferme des Spahis
Poste fortifié
Poste
Eglise Latine
Réduit de la Zône
Village Kurde
Carrières
Maison du Cheick
Ouvrage fermé
Collège américain
Orphelinat anglais
Bivouacs

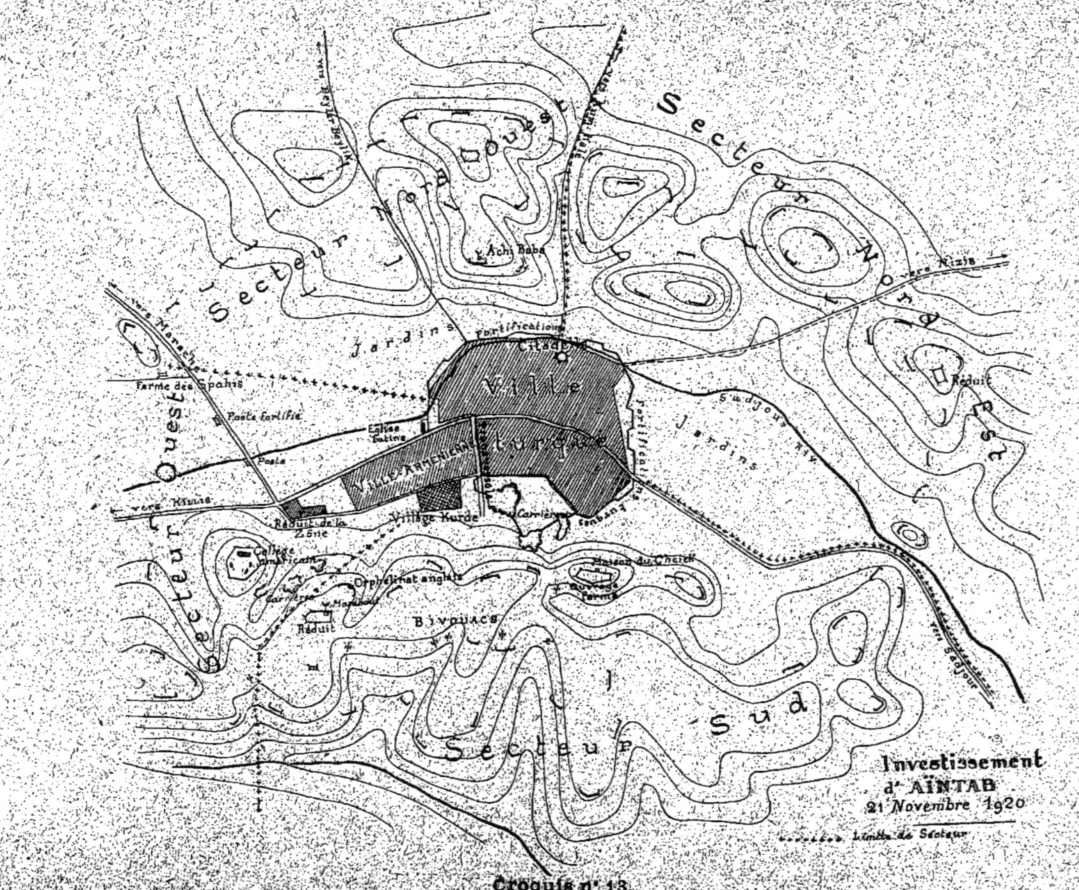

Croquis n° 13.

Ce qui fait en tout, avec les services divers, compagnies du train et chamelière, sections de munitions, ambulances, etc..., un total de 12.000 hommes et 6.000 animaux.

Le général est mis au courant de la situation intérieure d'Aïn-Tab, ainsi que des concentrations de forces régulières nationalistes vers Bédir-Keuï, Sou-Boghaz et Nizib. Il décide d'investir la ville avec :

6 bataillons;
2 batteries de 75;
1 batterie de 65;
La batterie lourde;
1 escadron de cavalerie,

Et, avec le gros des forces, d'organiser des colonnes légères pour agir contre l'ennemi de l'extérieur.

L'investissement de la ville est complètement réalisé le 21 novembre; il est divisé en quatre secteurs (voir croquis n° 3).

Secteur nord-ouest : de la route de Marache incluse à la piste de Rum-Kalé exclue; effectif : 2 bataillons.

Secteur nord-est : de la piste de Rum-Kalé incluse à la route de Sadjour incluse; effectif : 2 bataillons, 1 section de 65.

Secteur sud : de la route du Sadjour exclue au marabout sud d'Aïn-Tab inclus; effectif : 1 bataillon de Sénégalais, 1 compagnie et demie de mitrailleuses de coloniaux.

Secteur ouest : du marabout exclu à la route de Marache exclue et postes : église latine transversale, village kurde, ferme des spahis, réduits de la zone et du collège américain; effectif : 1 bataillon de Sénégalais, 1 compagnie et demie C. M. de coloniaux.

Toute l'artillerie, sauf la section de 65 affectée au secteur nord-est et une section de 75 en batterie au collège américain, est répartie sur le plateau du marabout en des points convenables pour bien remplir les missions de barrage en avant et en arrière des unités de blocus, celles-ci pouvant être attaquées des deux côtés.

Les missions de chaque secteur sont arrêtées et portées à la connaissance de tous les intéressés; les barrages sont repérés, un code de signaux est établi, les P. C. sont reliés téléphoniquement les uns aux autres; les travaux de fortification commencent le jour même de la mise en place des unités, et les harcèlements sur les retranchements ennemis recommencent avec beaucoup d'intensité. Cette fois, la ville est bien coupée de toutes parts avec l'extérieur et le plus petit ravitaillement ne peut plus pénétrer.

Dès le 23 novembre, l'ennemi de l'extérieur tente une action sur les troupes du blocus; il choisit comme point d'attaque le secteur ouest; son artillerie envoie dans l'après-midi une centaine d'obus de 77 et 105 sur nos positions, en même temps qu'elle tire une dizaine de 105 sur le collège américain, où sont installés le P. C. et les centraux téléphoniques.

A partir de 13 heures, les observateurs aperçoivent distinctement des infiltrations de fantassins turcs se faire vers nos lignes, par les pentes du col de Beyler-Beylic; les petits groupes de deux ou trois hommes disparaissent ensuite dans une profonde et large dépression située à environ trois kilomètres de notre front.

A 22 heures, la fusillade éclate sur tout le front du secteur nord-ouest et, à minuit, les Turcs donnent l'assaut sur notre ligne extérieure, de part et d'autre de la piste de Beyler-Beylic; leurs vagues se brisent sur nos organisations et sont refoulées par une vigoureuse contre-attaque qu'exécute la réserve de secteur;

la fusillade se continue jusqu'à l'aube, mais les assauts ne sont pas renouvelés.

Nos pertes sont de deux tués, dont un officier, et quelques blessés légers.

Le 27 novembre, toujours dans la nuit, les Turcs recommencent leur attaque sur le même point; même préparation d'artillerie, même infiltration que le 23 et acharnement plus grand dans l'assaut; celui-ci est renouvelé trois fois, mais échoue à chaque tentative. Au lever du jour on relève, à deux ou trois pas de nos lignes, quelques cadavres turcs que l'ennemi n'a pu emporter.

Ces premières opérations sur le blocus donnent une grosse confiance à nos tirailleurs dans la solidité de nos organisations, en même temps qu'elles démoralisent les troupes assaillantes, qui se montreront assez timides dans leurs actions ultérieures.

Colonne sur Nizib. (Voir croquis n° 9.)

Avant d'entreprendre quoi que ce soit sur la ville, le général Goubeau tient à battre, détruire ou repousser les formations régulières et les bandes signalées vers Sou-Boghaz et Nizib. A cet effet, plusieurs colonnes légères quittent Aïn-Tab dans la nuit du 23 au 24; elles bousculent, à la pointe du jour, des détachements kémalistes retranchés sur les hauteurs 1043 et 1069, les poursuivent dans leur retraite et vont bivouaquer le soir à Sou-Boghaz et Bédir-Keuï, cantonnements habituels des réguliers.

Dans la soirée, le général Goubeau est informé que des forces ennemies importantes se trouvent vers Gullu; il décide de marcher contre elles dès le lendemain matin; les colonnes se mettent en route avant le jour et rencontrent les Turcs retranchés sur les hauteurs nord et sud de Gullu. Les kémalistes résistent plus énergiquement que la veille, mais, menacés d'enveloppement, ils abandonnent la partie et se retirent vers l'est en plusieurs détachements, que harcèle la cavalerie française. Les colonnes bivouaquent le soir à proximité du village d'Orul.

Le lendemain 26, elles reprennent leur poursuite en direction de Nizib, dépassent cette ville et progressent vers l'Euphrate, où la cavalerie arrive juste pour voir les derniers éléments ennemis traverser le fleuve et débarquer de l'autre côté. Notre artillerie met en batterie et tire sur les fractions qu'elle peut encore atteindre; les pièces turques ripostent, et pendant plus d'une heure c'est un duel d'artillerie dans lequel nous finissons par avoir le dessus.

Il n'est pas possible d'aller plus loin, les moyens de franchissement du fleuve font défaut, et, d'autre part, le ravitaillement emporté ne permet pas une poursuite plus longue. La colonne revient à Nizib, où elle séjourne les 27 et 28 novembre, et où le général Goubeau procède à la révocation des autorités nationalistes, qu'il remplace par des fonctionnaires connus pour leur modération.

De retour à Aïn-Tab, le 30, la colonne repart le lendemain en direction générale de Marache, où des forces ennemies ont été signalées vers Keudjeugué. Elle trouve peu de monde devant elle, sa cavalerie pousse jusqu'à l'Ak-Sou sans rencontrer de résistance, et le 2 décembre tout le monde rentre à Aïn-Tab où arrive aussi le général de Lamothe, commandant le territoire.

Le 30 novembre, le général Goubeau adresse à Euz-Démir un ultimatum contenant des propositions très conciliantes en cas de reddition de la ville; le chef kémaliste y répond le 2 décembre par des contre-propositions, dont quelques-unes peuvent être discutées. Une nouvelle lettre lui est envoyée pour l'engager à une entrevue où propositions et contre-propositions seraient examinées en vue d'un accord honorable pour les kémalistes, mais Euz-Démir n'y répond pas.

RENSEIGNEMENTS SUR L'ENNEMI.

D'utiles renseignements ont été recueillis au cours des dernières opérations :

a) *Intérieur.* — Les forces nationalistes de la ville d'Aïn-Tab sont de deux catégories :

1° Des réguliers, comprenant des jeunes gens de 24 à 28 ans, recrutés à Aïn-Tab et dans les environs; au total 2.000.

2° Des irréguliers, comprenant les hommes valides de 29 à 45 ans, dont une partie a été armée et répartie dans les postes. L'autre fraction constitue les travailleurs qui, jour et nuit, améliorent et renforcent les organisations défensives.

L'armement est composé en grande partie de fusils turcs avec un complément de fusils russes, français, italiens et anglais; on compte une dizaine d'armes automatiques; l'approvisionnement en munitions s'élève à un million de cartouches. Il n'y aurait pas plus d'un mois de vivres pour les 20.000 habitants qui sont encore en ville.

b) *Extérieur.* — La 5e division turque, commandée par Kénan bey, arrive à Nizib le 12 novembre avec seulement 3 bataillons de réguliers et plusieurs canons; Kénan bey est acclamé par les habitants; il annonce qu'il va chasser les Français et marcher ensuite sur Alep; mais, après son échec du 16 novembre sur notre convoi de ravitaillement, l'enthousiasme se refroidit beaucoup en ville de Nizib.

Surviennent alors les événements du 25 novembre; ce sont d'abord les bandes d'irréguliers, battues par les colonnes du général Goubeau, qui traversent la ville dans le plus grand désordre et fuient vers l'est; et c'est ensuite Kénan bey lui-même, avec ses réguliers et ses canons; en passant, il donne l'ordre de distribuer les stocks de vivres aux habitants, repart aussitôt pour Biredjik et passe sur la rive gauche de l'Euphrate avec toutes ses troupes.

Cette fois, une profonde consternation règne dans la ville de Nizib.

Kénan bey ne reste cependant pas longtemps au delà de l'Euphrate, il revient à Nizib après le départ du général Goubeau; il réorganise ses forces dans la région nord d'Aïn-Tab et combine, paraît-il, avec la division de Marache, de nouvelles attaques sur notre blocus.

De la division de Marache, on ne connaît pas grand'chose; toutefois, le 27e régiment a été identifié aux combats des 23 et 27 novembre. Cette unité aurait un effectif d'un millier de réguliers environ, et comprendrait, en outre, une artillerie de cinq pièces : une de 105, deux de 77 et deux de montagne. Le moral y est, dit-on, déplorable, les soldats cherchent à déserter au moindre indice de combat et l'esprit des officiers n'est pas meilleur.

Lors de l'attaque du 27 novembre, sur le secteur nord-ouest du blocus, le commandant du 3e bataillon du 27e régiment refusa tout d'abord d'obéir à l'ordre d'assaut donné par le chef de corps, et ce n'est que sur menace de ce dernier qu'il l'exécuta, comme en témoigne bien le billet suivant, trouvé sur le cadavre de l'adjoint au chef de bataillon :

« *Ordre au commandant du 3e bataillon.*

» Au cas où tu n'entreprendrais pas l'attaque, tu es responsable, je t'ordonne d'attaquer tout de suite.

» *Signé :* Le commandant du 27e régiment. »

A l'intérieur, Euz-Démir recommence ses essais d'intimidation sur les Arméniens; le 4 décembre, il leur adresse une nouvelle proclamation dans laquelle il fait connaître les derniers gros succès remportés par les kémalistes sur les Arméniens du nord; il termine en invitant les Arméniens d'Aïn-Tab à faire leur soumission, car, affirme-t-il, des renforts sont en route et les Français seront battus. Ce qui ne l'empêche pas, le même jour, d'adresser à Kénan bey une demande de secours, en spécifiant bien que la ville sera obligée de se soumettre si on ne lui vient pas en aide.

Le 10 décembre, la neige tombe en abondance, les Turcs manifestent leur allégresse et crient aux Arméniens que le moment attendu est arrivé : le mauvais temps va enfin délivrer Aïn-Tab.

Jusqu'au 20 décembre, en raison de la neige, les Turcs se tiennent relativement tranquilles; ceux de la ville continuent à tirailler sur nos organisations, mais avec une intensité bien diminuée. De notre côté, au contraire, on redouble d'activité : le 10 décembre, une opération est exécutée sur la partie est de la ville en vue de resserrer le blocus.

Le 14 décembre, un détachement de toutes armes est envoyé en reconnaissance dans la région Samkeuï, Beyler-Beylic; il ne rencontre que des isolés. Et tous les jours les harcèlements sur la ville et les retranchements turcs se font très violents.

Mais le général Goubeau est rappelé avec ses troupes; des soulèvements assez sérieux se sont produits sur le territoire de la 4e division; il faut aller les réprimer. Voilà qui ne va pas arranger nos affaires à Aïn-Tab; ce retrait d'une partie de nos forces va redonner confiance aux kémalistes, et il faut s'attendre à de nouvelles attaques, plus sérieuses qu'autrefois, car les forces kémalistes se sont beaucoup accrues et les nationalistes ont déclaré bien haut qu' « Aïn-Tab était leur Verdun »!

CHAPITRE XIII

Période du 18 décembre 1920 au 9 février 1921.

La 4e division part le 18 décembre; elle laisse à Aïn-Tab trois de ses bataillons, absolument indispensables pour maintenir le blocus; les forces françaises restant à Aïn-Tab, sous le commandement du lieutenant-colonel Andréa, comprennent à ce jour :

9 bataillons, dont 4 à effectif réduit (moins de 300 combattants);
2 petits escadrons de spahis (80 sabres chacun);
1 batterie et demie de 65 de montagne;
2 batteries et demie de 75;
Une demi-batterie de 155;
1 section de chars de combat;
1 section de munitions;
1 section du génie;
1 compagnie du train;
1 compagnie chamelière;
1 ambulance,

Soit environ 6.500 hommes et 3.000 animaux.

Le blocus de la ville exige sept bataillons. Il en reste donc deux pour assurer l'escorte des convois de ravitaillement. Comme il y a un convoi par semaine, dont la durée de voyage est de cinq jours, il s'ensuit que cinq jours sur sept il n'y a pas de réserve générale à Aïn-Tab, situation pas très brillante, mais dont il faut se contenter puisqu'il n'est pas possible de faire autrement.

Sept bataillons sont nécessaires pour garder le blocus, en raison du faible effectif de quatre d'entre eux, et en raison aussi de la situation topographique de la ville, au fond d'une cuvette, dont il faut nécessairement tenir les bords, ce qui exige un développement de front d'une vingtaine de kilomètres (voir croquis n° 13).

Il faut aussi noter que les unités ont à se garder à la fois, du côté de la ville et vers l'extérieur et que cette situation n'est pas sans péril pour elles. Depuis longtemps, elles travaillent à renforcer les organisations défensives, mais le fil de fer manque complètement et c'est par un sérieux réseau de feux de flanquement qu'elles peuvent se mettre à l'abri des entreprises de nuit de l'ennemi.

Les groupes de combat, ou postes plus importants, sont plus ou moins espacés : 150 à 200 mètres, quelquefois davantage; pendant le jour, rien ne peut franchir les lignes, mais la nuit, des isolés peuvent réussir à passer malgré la circulation des patrouilles. En tout cas, les groupes importants et à plus forte raison les ravitaillements ne peuvent pénétrer. C'est là l'essentiel.

Nous avons aussi contre nous le mauvais temps; la neige a fait son apparition et nous en aurons, paraît-il, jusqu'en mars; des mesures sont prises pour réduire le plus possible les indisponibilités et les évacuations.

C'est d'abord la construction d'abris assez vastes, où, la nuit, les tirailleurs se réunissent par groupes autour de braseros allumés; ils préparent le thé qui leur a été distribué dans la journée et cela les tient éveillés pendant les heures où l'attaque ennemie est le plus probable; de cette façon, les surprises sont à peu près évitées, et nos soldats ne se laissent pas engourdir par le froid.

Il est, en effet, nécessaire de prévenir les engelures

SIÈGE d'AÏN TAB (1920-21)
Organisations turques
Défense de l'Ecole de Nagoghossian
Abri
Sadjour
Moulin (Fortin)
tranchée couverte
boyau couvert
tranchée
murs ou maisons organisés
boyau
maisons
Mitrailleuse
Mosquée avec Fortin
Rue de Killis
Ville arménienne
Coupe suivant A B.
Secteur Nord
Secteur Est
Vergers
Quartier des Tanneurs
Jardins
Secteur des Jardins et Vergers (Ouest)
La Transversale
Ville arménienne
Les Maisons blanches
Carrière
Vers Killis
Légende
Jardins
Vergers
Vignes
Cimetière
Echelle 1:10000 (approximatif)
1. Collège américain
2. Hopital municipal
3. Caserne
4. Ecole des Filles
5. Hopital américain
6. Eglise grégorienne
7. Orphelinat
8. Y.M.C.A.
9. Eglise protestante
10. Mosquée Hadj Nasr
11. Palais du Gouvernement
12. Sérail
13. Sérail national
14. Marché aux grains
15. Citadelle
16. Eglise latine
17. Ferme des Spahis
Sadjour
Nord approximatif
Secteur Sud
M1 M2 maison organisée avec abri souterrain
Abri
Carrière
Croquis n° 14.

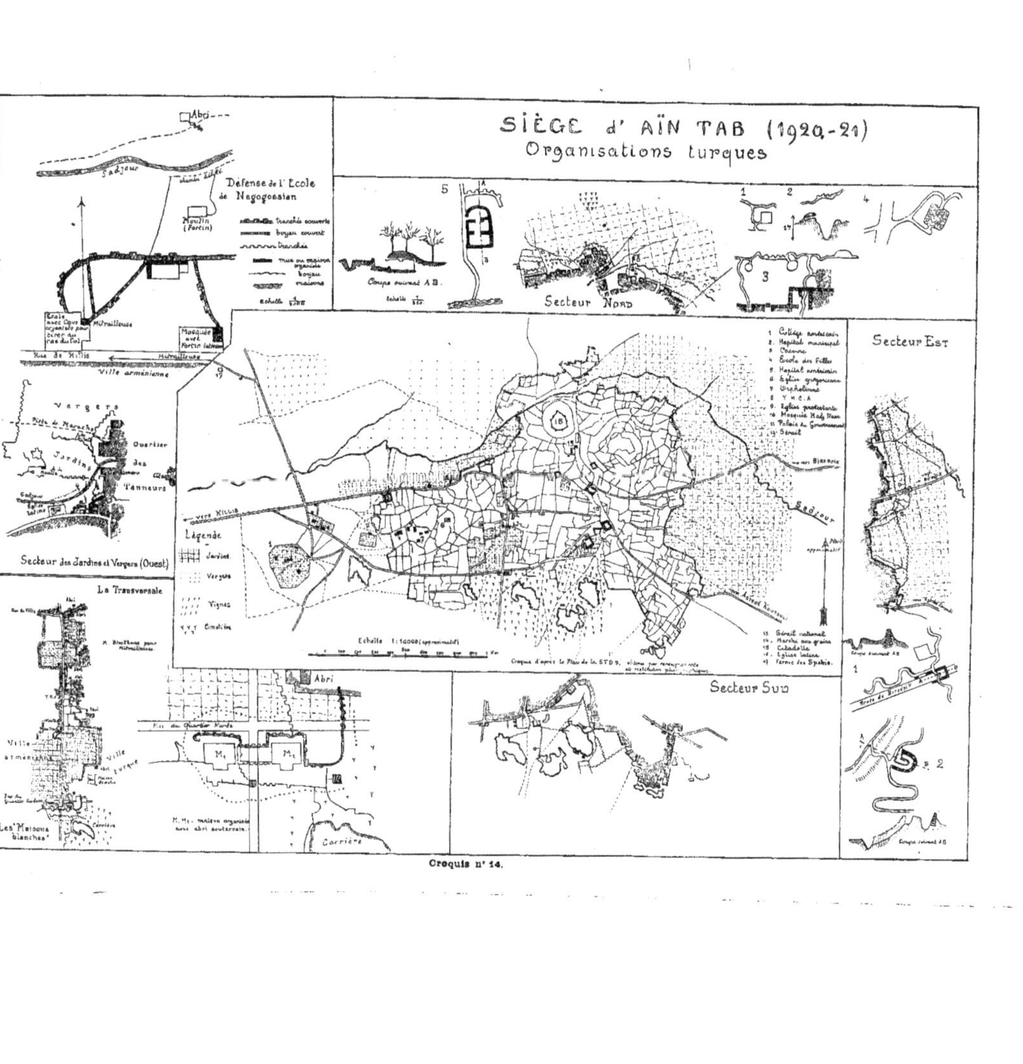

aux pieds, qui ont déjà fait quelques victimes surtout parmi les Sénégalais; les tirailleurs algériens, pourtant si braves au combat, n'hésitent pas, pour quelques-uns du moins, à rechercher ces gelures pour aller faire un petit séjour dans les formations sanitaires où l'on est plus tranquille; certains ont été surpris se trempant les pieds dans l'eau et les exposant

Siège d'Aïn-Tab. — Poste de commandement d'un bataillon.

ensuite au froid jusqu'à apparition d'engelures. Pour réprimer ces faits et réduire le plus possible les cas de gelures, les mesures suivantes sont prises :

1° Dans chaque unité, graissage des pieds, le soir après l'exécution des corvées, avec de la graisse de mouton fondue, préparée et distribuée par le service du ravitaillement, opération contrôlée par les officiers et sous-officiers;

2° Les médecins font souvent déchausser les hommes qui se présentent à la visite, et signalent ceux d'entre eux qui n'ont pas les pieds graissés;

3° Tout homme signalé par les médecins ou les commandants d'unité, comme n'ayant pas exécuté les ordres et les conseils donnés relativement au graissage des pieds, est puni de 15 jours de prison, ce qui retarde d'autant son départ du Levant; une punition semblable est infligée aux militaires entrant dans les formations sanitaires pour gelures aux pieds.

On peut affirmer, d'accord avec les médecins, que ces mesures ont parfaitement enrayé l'espèce d'épidémie de « gelure aux pieds » qui commençait à se propager dans la colonne, qu'elle soit le fait de la négligence des hommes ou de leur désir de se faire hospitaliser; le remède a été excellent en tant que conservation des effectifs.

Attaque du 20 décembre.

Comme cela était à prévoir, le départ de la 4e division a redonné de l'espoir aux nationalistes; ils exploitent contre nous la réduction de nos forces et s'apprêtent à nous attaquer.

Le 18 décembre, on signale une concentration de forces kémalistes dans la région nord d'Aïn-Tab; leur intention est de forcer le blocus et de ravitailler la ville; deux divisions prendraient part à l'attaque : celle de Kénan bey comprenant trois régiments, et la division de Marache dont la composition n'est pas connue; l'opération doit s'exécuter pendant l'absence du convoi de ravitaillement.

C'est le 18 décembre que le convoi quitte Aïn-Tab : dès le 19, on remarque que la circulation en ville turque est beaucoup plus grande qu'ordinairement, et on aperçoit des reconnaissances ennemies sur les hauteurs 1043 et 1069.

Le 20 décembre, un peu avant le lever du jour, notre front extérieur, entre les pistes de Bélir-Beylic et de Nizib est attaqué par des détachements turcs qui ont pu s'approcher de nos lignes à la faveur de la nuit ; des barrages d'artillerie et d'infanterie, déclanchés dès l'apparition des fusées-signaux lancées par les

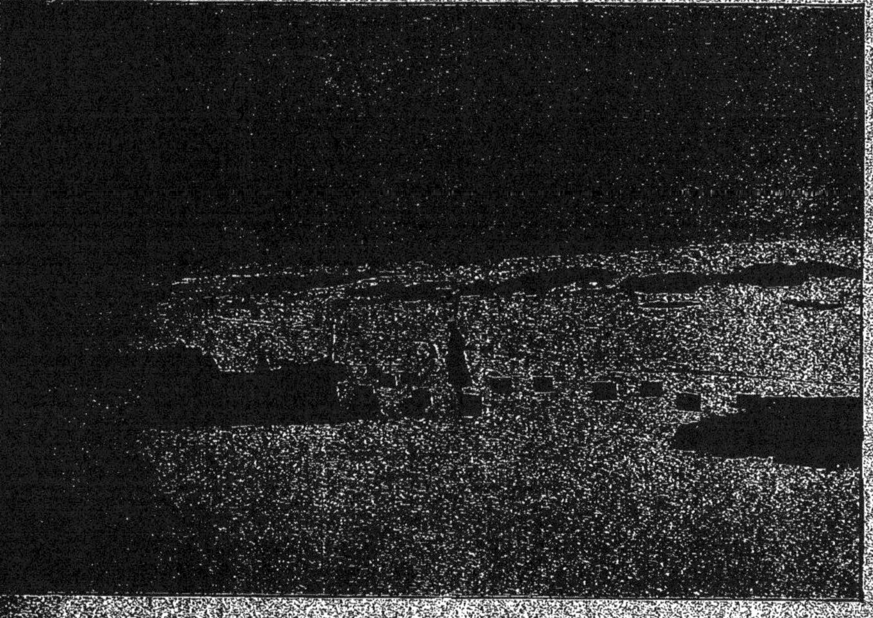

Aïn-Tab. — Bivouac dans la neige d'une batterie de montagne.

unités attaquées, brisent l'assaut, et vers 7 heures, on aperçoit des groupes ennemis se replier, par petits paquets, en direction nord et nord-est, et s'arrêter ensuite au delà de la portée de nos canons. Les patrouilles, détachées par les unités du blocus, ramènent dans nos lignes 8 réguliers dont 1 sous-officier, trouvés cachés dans un trou.

Un peu plus tard, vers 10 heures, les observateurs signalent de nouvelles infiltrations en direction de la route de Marache et des hauteurs d'Ibrahimli; entre 14 et 16 heures, l'artillerie turque exécute des repérages et bombarde le secteur nord-ouest, sur lequel elle envoie plus de 300 obus. A la tombée de la nuit, les kémalistes sont toujours en vue de nos positions, nous nous attendons à une attaque; les secteurs nord-ouest et nord-est particulièrement menacés sont renforcés chacun par une compagnie, prélevée sur les troupes des autres secteurs.

Au cours de la nuit il y a bien fusillade un peu partout, mais aucune attaque ne se produit et au lever du jour, l'ennemi a disparu.

Les prisonniers capturés la veille sont des réguliers du 24e régiment turc, le sous-officier donne les renseignements suivants :

La division Kénan bey (5e) repoussée au delà de l'Euphrate en fin de novembre par le général Goubeau, a repassé le fleuve aussitôt après le départ de Nizib de la colonne française. Elle est allée se refaire dans la région au sud de Kara-Dagh, où elle s'est livrée à des exercices d'attaque et à des travaux de fortification; elle a été passée en revue par le commandant du corps d'armée le 11 décembre, s'est concentrée à Sou-Boghaz (12 kilomètres nord d'Aïn-Tab) dans la nuit du 18 au 19, s'est approchée de notre front la nuit suivante et a attaqué le 20 au matin.

Cette attaque de la 5e division devait être appuyée à l'ouest par la 9e division venant de Marache, mais cette dernière est arrivée en retard et ne s'est trouvée en mesure d'agir que le 20 décembre au soir.

L'ordre d'attaque a été précédé d'une proclamation de Kénan bey affirmant qu'une grosse partie des troupes françaises avait quitté Aïn-Tab et que celles qui restaient étaient trop faibles pour s'opposer au ravitaillement de la ville.

L'assaut a été mené par 5 bataillons : 2 du 14e régiment, 1 du 15e, et 2 du 24e; l'artillerie comprenait 8 canons; l'effectif total était d'environ 1.500 hommes; de nombreuses désertions se sont produites dès que l'attaque a été annoncée.

Affaires de Kara-Heuyuk, Eté-Bey. (Voir croquis n° 9.)

(23 décembre.)

Le 22 décembre, une reconnaissance d'avion signale que les cantonnements turcs de Deulluk, Kara-Heuyuk, Eté-Bey et Sou-Boghaz paraissent très peuplés : le convoi de ravitaillement est rentré à Aïn-Tab la veille et la colonne dispose de toutes ses forces, on peut donc envisager une incursion sur les cantonnements ennemis; à cet effet, deux colonnes sont organisées et la manœuvre suivante est arrêtée :

1° Une colonne de « l'ouest » (3 bataillons, une demi-batterie de 65, une demi-batterie de 75, 2 pelotons de spahis) passera par la route de Marache, se rabattra par Samkeuï sur les villages Deulluk, Kar-Heuyuk, Eté-Bey, en les prenant par le nord et en cherchant à couper la retraite de l'ennemi de ce côté.

2° Une autre colonne de « l'est » (2 bataillons, une demi-batterie de 65, 2 pelotons de cavalerie) passera par Geulludjé et Sou-Boghaz et se rabattra sur Eté-Bey par Bédir-Keuï pour empêcher la fuite de l'ennemi vers le nord-est.

Les heures de départ sont calculées de façon que les deux détachements arrivent dans la région d'Eté-Bey à peu près en même temps : soit 1 heure pour la colonne de l'ouest et 4 heures pour la colonne de l'est.

Exécution. — La colonne de l'ouest marche sans encombre jusqu'à Samkeuï; à partir de ce moment, sa

Le Marabout du plateau sud d'Aïn-Tab et tombes des soldats français qui ont défendu la position au cours du 3e siège (avril 1920).

flanc-garde de gauche est prise à partie par des groupes d'irréguliers installés sur les hauteurs de Keudjeugué; elle ne se laisse pas arrêter et continue sur son premier objectif qui est la croupe ouest de Kara-Heuyuk. Elle s'y heurte à des tranchées garnies de réguliers que notre artillerie canonne vigoureusement; d'autre part, l'avant-garde ne laissant qu'un rideau dans la vallée du Sinek-Déré, se porte sur la partie est de la croupe de Kara-Heuyuk, prenant en flanc l'ennemi, qui se retire alors vers le nord.

La flanc-garde de gauche progresse ensuite sur Eté-Bey; elle trouve les hauteurs ouest du village solidement tenues par une compagnie turque; nouvelle préparation par l'artillerie qui, cette fois, est énergiquement contre-battue par les pièces ennemies. Nos tirailleurs continuent à s'infiltrer par le vallon nord d'Eté-Bey, en vue d'encercler la position turque, mais les kémalistes s'aperçoivent du mouvement et retraitent vers l'est, non sans avoir prononcé auparavant, sur le groupe de tirailleurs le plus avancé, une contre-attaque très crânement conduite mais restée sans résultat.

La colonne de l'ouest atteint donc ses objectifs, mais celle de l'est ne peut remplir complètement sa mission; partie d'Aïn-Tab à 4 heures, elle surprend et met en fuite un poste ennemi installé au col ouest de 1043, enlève la hauteur 1043 assez fortement tenue, mais est arrêtée et immobilisée pendant près de deux heures par l'artillerie turque, sur les crêtes sud de Sou-Boghaz. Il ne lui est donc plus possible d'arriver à temps vers Eté-Bey pour tendre la main à la colonne de l'ouest, et les groupes nationalistes peuvent facilement se retirer vers le nord-est.

Les deux colonnes rentrent au bivouac d'Aïn-Tab dans le courant de la nuit suivante.

Affaire du 27 décembre. (Voir croquis n°s 9 et 13.)

Le 26 décembre, le 17e convoi-navette quitte Aïn-Tab, escorté par trois petits bataillons, une batterie de 65 et un escadron de spahis. Des renseignements, recueillis la veille et provenant de source sûre, annoncent de nouvelles tentatives turques sur les troupes d'investissement; notre adversaire va agir, cette fois encore, aussitôt après le départ du convoi de ravitaillement. Les dernières voitures de ce convoi ont à peine quitté le bivouac que les observateurs signalent de nombreux mouvements sur les crêtes Deulluk-Baba, Beyler-Beylic, 1043.

Le 27 décembre, à 4 heures, en pleine nuit, l'artillerie turque canonne les secteurs nord par 77 et 105; à 4 h. 30, les fantassins kémalistes, qui se sont approchés de nos lignes à la faveur de la nuit, se portent à l'assaut du secteur nord-ouest; on tient bon partout et plusieurs autres tentatives n'ont pas plus de succès.

Tout n'est pas terminé; à 7 heures, une nouvelle attaque est déclanchée sur le secteur nord-est, au nord de la route de Nizib, en même temps qu'une diversion se produit au défilé du Sadjour. Tous ces assauts sont arrêtés net par nos feux d'artillerie et de mitrailleuses; les groupes turcs se retirent ensuite vers le nord et l'est, mais ne s'en vont pas définitivement; ils se rassemblent hors de la portée de nos canons et attendent.

A 9 heures, l'artillerie ennemie se révèle sur les hauteurs sud du plateau du Marabout (sud d'Aïn-Tab); c'est la première fois que nous sommes inquiétés de ce côté, qui se trouve à l'opposé des communications turques; les batteries kémalistes, qui surplombent les nôtres, tirent à vue sur nos pièces; la canonnade est tout de suite très vive et, à certains moments, notre artillerie est réduite au silence; d'autre part, les crêtes sud commencent à se garnir de fantassins.

Notre front, de ce côté, est très peu défendu parce qu'il est ordinairement moins menacé que les autres, et aussi parce qu'il ne reste aucune unité disponible à Aïn-Tab, le convoi étant en route. Il faut pourtant le renforcer, car tout indique une attaque générale ennemie pour la nuit prochaine et notre artillerie, installée tout entière sur le plateau de Marabout, est une proie bien tentante pour l'adversaire.

Il ne peut être question de prélever des éléments sur les forces des autres secteurs; ceux-ci viennent de se battre et restent toujours menacés. Pas davantage il ne peut être question de lever le blocus; la ville commence réellement à souffrir de la faim, il ne faut donc pas lui donner la possibilité de se ravitailler et compromettre ainsi l'échéance de la reddition.

Les mesures suivantes sont en conséquence prises :

1° Envoi d'un télégramme au poste du Sadjour, enjoignant à l'escorte du convoi, qui doit y arriver dans la matinée, de laisser les voitures à la garde du poste et de revenir sur Aïn-Tab attaquée en ne s'arrêtant nulle part et en prenant pour objectif d'attaque les hauteurs Kichriz-Mazmaz, sur lesquelles sont installées les batteries turques;

2° Tous les isolés et employés de la garnison : secrétaires, ordonnances, conducteurs, etc..., sont rassemblés et encadrés par des officiers et sous-officiers comptables ou employés; les groupes ainsi formés sont dirigés sur le plateau sud d'Aïn-Tab pour renforcer les soutiens d'artillerie et s'opposer à tout assaut ennemi sur nos pièces; la consigne est formelle : sous aucun prétexte on ne devra reculer.

Cette organisation des employés et le renforcement du secteur sud, habilement dirigés par le commandant Barnaud, officier supérieur énergique, s'exécutent fort bien et presque sans pertes, bien que l'artillerie turque ne cesse de tirer sur nos batteries jusqu'à la tombée de la nuit. Les kémalistes font usage, pour la première fois, de canons de 150 avec lesquels ils cherchent à atteindre les P. C. et à écraser les réduits de la zone et du collège américain où sont rassemblés les organes vitaux de la défense.

A la nuit, on s'attend à être attaqué sur tous les fronts; chacun est à son poste, prêt à riposter. Une première attaque turque se déclanche vers 19 heures sur une compagnie coloniale qui garde le défilé du Sadjour; les marsouins tiennent bon et arrêtent l'assaut avec leurs mitrailleuses.

A 20 heures, une autre attaque se produit sur tout le front nord-ouest; elle aussi est repoussée; devant le front nord-est, une fusillade très nourrie est entretenue jusqu'à l'aube; les barrages d'artillerie sont déclanchés à plusieurs reprises à la demande de l'infanterie; aucun assaut ennemi ne se produit.

Sur le front sud, les fantassins turcs se sont rapprochés de nos lignes et, là aussi, la fusillade reste vive, mais jusqu'à minuit seulement. A ce moment, elle cesse brusquement et on n'entend plus un seul coup de fusil.

Pourquoi ce silence? C'est que le retour des trois bataillons d'escorte du convoi (rappelés par T. S. F.) est signalé; les nouvelles se propagent rapidement chez notre adversaire : il sait que le détachement français, arrivé au Sadjour dans la journée, en est reparti aussitôt pour voler à l'aide des troupes du blocus. Il craint pour ses canons et se replie en pleine nuit au nord d'Aïn-Tab. Lorsque, à la pointe du jour, l'avant-garde de l'escorte arrive sur le plateau de Mazmaz, elle ne trouve que des douilles d'obus, des étuis de cartouches et un régulier endormi qui est fait prisonnier.

C'est un bien magnifique effort que viennent de

fournir ces trois petits bataillons de tirailleurs algériens! Partis d'Ikis-Kouyou le 27 décembre, à 6 heures, arrivés au Sadjour vers midi, ils en repartent à 16 heures, marchent toute la nuit et sont en face du bivouac d'Aïn-Tab le 28 à 8 heures. C'est un record qui s'ajoute à la liste des beaux exploits dont sont coutumiers nos tirailleurs, et il convient de citer ici les noms des commandants de ces belles unités : chefs de bataillon Bocat et Didierjean, capitaine Bru.

Ces combats du 27 décembre constituent une belle page pour nos unités indigènes; aussi on ne peut faire mieux que d'insérer ici un passage du rapport adressé à l'armée par le général de Lamothe, commandant la 2e division :

La belle conduite de la garnison d'Aïn-Tab a été au-dessus de tout éloge. Menacé d'un danger sérieux, tout le monde s'est groupé autour du chef pour y faire face; les employés ont repris leur fusil, comme les artilleurs leur mousqueton; et, pendant que ce drame se déroulait à Aïn-Tab, les troupes d'escorte du convoi montraient une fois de plus les belles qualités de solidarité du soldat français.

Nos pertes sont lourdes : 8 tués, dont 2 officiers; 23 blessés, dont 3 officiers; 8 Arméniens tués et 20 blessés.

Celles de l'ennemi sont sévères : plus de 50 cadavres ont été laissés devant nos lignes, beaucoup d'autres ont été emportés, car il ne faut pas oublier que les Turcs enlèvent toujours les morts et les blessés qu'ils peuvent ramasser. Des renseignements recueillis plus tard et contrôlés accusent que 400 blessés sont passés par Bédir-Keuï le jour et le lendemain de cette affaire.

Après leur échec, les nationalistes se retirent : la 5e division entre Nizib et Rum-Kalé, la 9e dans la vallée de l'Ak-Sou, à une trentaine de kilomètres au nord-ouest d'Aïn-Tab. Jusqu'au milieu de janvier, il ne se passe rien de bien important; il est vrai que pendant cette période la neige tombe en abondance, mais c'est surtout le besoin de se refaire et de se renforcer qui arrête les opérations de notre adversaire. Le temps presse pour lui : Euz-Démir jette le cri d'alarme le 10 janvier en avertissant Kénan bey, commandant la 5e division, que si la ville n'est pas secourue avant une vingtaine de jours, elle sera obligée de capituler faute de vivres.

On connaît l'importance des renforts parvenus ou attendus par les kémalistes : un détachement de 1.500 hommes, parti d'Islahié, a déjà rejoint; un autre de même importance, en provenance de Marache, doit arriver vers le 20 janvier; d'autres forces, envoyées de Mésopotamie, sont signalées vers Biredjik. Enfin, les kémalistes procèdent au recrutement des classes 1310 à 1316; ils ne renvoient d'ailleurs les classes antérieures que contre paiement d'une forte indemnité.

Le nombre de canons dont ils disposent dans la région est de 14.

Ce renforcement des troupes nationalistes indique bien que tout n'est pas fini et qu'il faut nous attendre à d'autres attaques. A nouveau, les patrouilles et les reconnaissances ennemies font leur apparition sur les hauteurs nord et nos avions signalent une circulation très dense dans les cantonnements nationalistes. C'est par une violente attaque sur un de nos convois que les Turcs vont commencer une nouvelle série d'agressions.

Attaque du 19e convoi-navette (18 et 19 janvier 1921).

(Voir croquis n° 15.)

Le 19e convoi de ravitaillement quitte Aïn-Tab le 14 janvier, escorté par deux bataillons, une batterie de

65 et un escadron; il arrive au Sadjour le 15, y séjourne les 16 et 17 et en repart le 18.

A l'aller, aucun indice ne fait supposer qu'il va être attaqué au retour; tout est normal dans la campagne et le poste du Sadjour, d'habitude bien renseigné, n'a absolument rien appris.

Le 18 janvier, le convoi quitte le Sadjour avec un bataillon de manœuvre en avant-garde et l'autre en couverture du convoi, une compagnie sur chaque flanc, la troisième en arrière-garde.

La cavalerie arrive à Ikis-Kouyou à midi; l'officier qui la commande aperçoit des gens en uniforme sombre dans des tranchées creusées sur les revers sud des hauteurs 819-859; il interroge les habitants du village qui répondent que ce sont des réguliers turcs; on en distingue nettement trois groupes de 200 hommes environ chacun.

Le commandant du convoi est renseigné et il ordonne aussitôt au bataillon d'avant-garde d'attaquer les positions turques avec l'appui de la batterie de 65 et l'aide, sur chaque aile, de deux sections de chacune des flancs-gardes, le détachement de la flanc-garde de gauche devant, avec la cavalerie, manœuvrer 859 par l'ouest.

Le bataillon d'avant-garde se porte à l'attaque sur deux lignes : deux compagnies en premier échelon, la troisième en arrière; mais, peu après avoir pris son dispositif, il est soumis à des feux violents (mitrailleuses et obus) qui l'obligent à se terrer. L'artillerie ennemie se dévoile aussi vers 748 et tire furieusement sur le convoi; d'autre part, de nombreux groupes ennemis sortent de la vallée du Sadjour, au nord de 748, et se portent à l'attaque du détachement français.

Devant cette situation nouvelle, le commandant du convoi décide de ramasser ses forces sur la tête pour

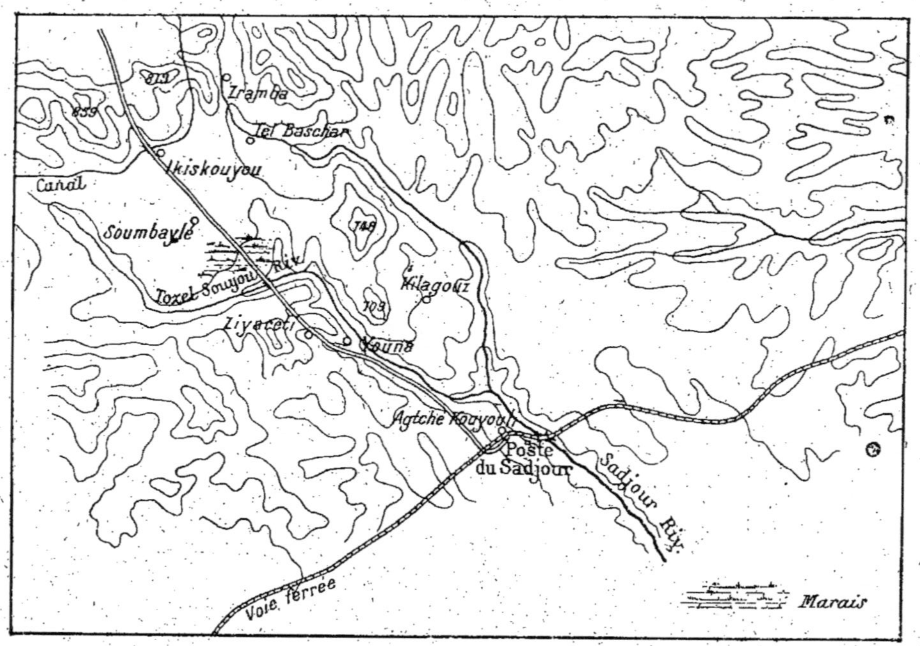

Attaque du 19ᵉ convoi-navette (18 et 19 janvier 1921).

Croquis n° 15.

être en mesure de mieux résister; il fait stopper le bataillon d'avant-garde et lui recommande de tenir ferme face au nord et de surveiller sa droite. Pour parer à l'attaque qui vient de l'est, il fait passer à droite ce qui reste de la flanc-garde de gauche, c'est-à-dire un peloton, et il rappelle le peloton de cette même flanc-garde qui devait primitivement manœuvrer 859 par l'ouest.

Il envoie dire au commandant du train de faire activer la marche des voitures et de faire former le parc à l'ouest du village d'Ikis-Kouyou, de part et d'autre de la route, et, enfin, il rédige une dépêche à l'adresse d'Aïn-Tab, qu'il peut encore faire porter au poste du Sadjour.

Situation à 14 h. 30 :

a) Au nord, le bataillon avant-garde, bien que violemment bombardé, fait tête à l'ennemi du nord avec ses deux compagnies de première ligne; la compagnie du deuxième échelon fait avorter un assaut de 400 Turcs dirigé sur le flanc droit du bataillon;

b) A l'est, la situation est critique; l'ennemi est très en force, il s'avance à l'attaque sur un front de trois ou quatre kilomètres avec des tirailleurs en première ligne, suivis par des petites colonnes par un. Nous n'avons à lui opposer, de ce côté, qu'une compagnie et demie : la compagnie constitutive de la flanc-garde et le peloton qui vient de la flanc-garde de gauche.

Ces deux unités sont très éloignées l'une de l'autre parce que le convoi s'est très allongé pendant la marche; la compagnie du sud, disposée à 1.200 mètres à l'est de la route, pour couvrir le passage des voitures dans les marécages de Soumbaylé, est fortement attaquée par des groupes dix fois plus nombreux qu'elle; elle résiste très bien et les Turcs, de ce côté, sont arrêtés.

Mais, au centre, il y a un grand trou vers lequel s'avancent des colonnes kémalistes, et celles-ci s'apprêtent à prendre à revers la compagnie du sud lorsque, heureusement, le deuxième peloton de la flanc-garde de gauche et une section de mitrailleuses arrivent à temps pour arrêter la progression ennemie;

c) A l'ouest, un escadron kémaliste s'avance en fourrageurs sur le flanc gauche du convoi; de ce côté, il n'y a plus de flanc-garde, la compagnie qui s'y trouvait au début du combat ayant été rappelée sur le flanc droit. Les conducteurs, dont les voitures sont parquées, sont rassemblés en plusieurs groupes sous le commandement d'officiers isolés qui rejoignent Aïn-Tab; on leur adjoint un peloton de cavalerie à pied et une section de mitrailleuses et l'ensemble arrête les cavaliers turcs;

d) Les voitures sont très longues à se rassembler parce qu'elles s'embourbent dans les marais de Soumbaylé, et aussi parce que l'artillerie adverse tire sans relâche sur ce passage, tue de nombreux attelages, ce qui embouteille la route encore davantage.

Situation vers 17 *heures :*

a) Au nord, tout va bien; les assauts turcs sont nombreux, mais la situation est rétablie, chaque fois, par des feux ou des contre-attaques.

b) A l'ouest, les cavaliers kémalistes ne peuvent reprendre leur progression;

c) A l'est, la bataille se continue violente, mais l'infiltration de l'adversaire dans le trou qui existe au centre est toujours jugulée. L'ennemi reporte son gros effort vers le sud et la compagnie de flanc-garde de ce côté, ainsi que la compagnie d'arrière-garde, trop vivement pressées, sont obligées de se replier; elles le font par échelons, en ordre parfait, en infligeant des pertes sévères aux nationalistes. Ceux-ci atteignent quand même la piste suivie par les voitures, mais il est trop tard : le convoi a pu obliquer vers l'ouest; l'arrière-garde fait alors front tout entière et, à 400 mètres, avec toutes ses armes réunies, exécute un feu rapide et meurtrier qui arrête l'adversaire.

Nuit du 18 au 19.

La nuit tombe; les Turcs, très éprouvés et très impressionnés par la belle résistance des nôtres, cessent de poursuivre. Les voitures qui ont encore des attelages rejoignent le parc; on organise le bivouac. Les faces est, sud et ouest sont formées sans grande difficulté; il n'en est pas de même au nord, où le bataillon avant-garde doit exécuter un repli au cours duquel nos tirailleurs, mêlés aux Turcs, font jouer la crosse autant que la baïonnette; le bataillon s'installe ensuite sur les emplacements qui lui ont été assignés.

Le bivouac est constitué; on s'enterre à la hâte sur les quatre faces et on réorganise les unités.

A 22 heures, le feu cesse de partout; le commandant du convoi réunit alors ses officiers supérieurs pour s'entendre avec eux sur le parti à prendre pour le lendemain. Il envoie d'abord une reconnaissance sur le col d'Ikis-Kouyou (entre 819 et 859), laquelle y trouve l'ennemi en force. Impossible donc de reprendre la marche; le commandant décide alors de rester sur place et d'attendre le secours qu'il espère de la garnison d'Aïn-Tab; il envoie à tous l'ordre de « résister jusqu'au bout coûte que coûte ».

La nuit est relativement tranquille; quelques obus tombent encore sur le bivouac, mais la fusillade est nulle; les Turcs se sont un peu retirés pour éviter nos feux.

Le lendemain, à l'aube, tout paraît tranquille, mais les kémalistes sont toujours là, sur les quatre faces, à un kilomètre environ; une nouvelle reconnaissance trouve le col d'Ikis-Kouyou toujours fortement occupé.

A 8 heures, l'artillerie ennemie recommence ses tirs, mais ce ne sont plus les rafales de la veille; quelques obus de temps en temps : les munitions se font rares.

A midi, on constate que des petits groupes se détachent des gros pour retraiter vers le nord-est et l'est; à 15 heures, tout s'éclipse et, à 16 heures, le détachement de secours envoyé par Aïn-Tab fait sa jonction avec le convoi.

Organisation et marche du détachement de secours.

A Aïn-Tab, le 18 janvier, à 13 heures, on entend distinctement le canon en direction du sud-est; à 15 heures, un avion qui vient en liaison signale que le convoi est attaqué vers Ikis-Kouyou par des forces turques pouvant être évaluées à un fort bataillon, divisées en trois groupes de 150 à 200 hommes chacun, établi sur les hauteurs 819 et 859.

Il y a, au convoi, un millier de combattants; les forces kémalistes ne dépassent pas 600 hommes; donc, rien à craindre. Toutefois, pour faciliter au convoi la traversée de la plaine de Sazguine, une forte compagnie, renforcée par un canon de montagne, est désignée pour aller prendre position sur les hauteurs de Néfak à l'aube du 19 janvier.

La nuit arrive; on n'entend plus le canon, c'est donc que l'ennemi s'est retiré.

Mais, vers minuit, arrive le télégramme suivant :

Commandant 19e convoi-navette à commandant colonne Aïn-Tab.

Des forces ennemies occupent les hauteurs nord d'Ikis-Kouyou : trois groupes de 150 hommes environ chacun sont dans des tranchées sur le versant sud de ces hauteurs. Une forte colonne turque se masse dans le ravin à l'est d'Ikis-Kouyou, et des détachements ennemis occupent des sommets sur un front de quatre kilomètres. Diversion par garnison d'Aïn-Tab est désirée.

La situation est très différente de celle déduite des renseignements arrivés pendant la journée. Il est évident qu'il faut aller au secours du convoi, mais il est indispensable aussi de conserver le blocus autour d'Aïn-Tab; la situation de la ville est signalée comme désespérée et nous attendons la capitulation d'un moment à l'autre.

Qu'avons-nous à craindre, le jour, quant au blocus? Peu de chose, car artillerie et mitrailleuses feront à peu près certainement échouer les attaques turques en concentrant sur elles tous leurs moyens. On peut, en conséquence, sans beaucoup risquer, réduire la densité d'occupation des lignes d'investissement.

Il n'en est pas de même pendant la nuit, où l'artillerie de la colonne, trop faible pour répartir ses barrages sur le grand front que nous occupons, ne peut les déclancher que sur des zones repérées à l'avance. Si l'on affaiblissait le blocus par des prélèvements d'unités d'infanterie, l'adversaire pourrait trouver des fissures et rompre nos lignes.

En conséquence, il est décidé que tout le monde restera en place jusqu'à l'aube et qu'à ce moment il sera organisé une colonne de secours; les ordres sont envoyés pendant la nuit.

Le matin du 19, la colonne est constituée au collège américain; elle comprend un bataillon et demi d'infanterie, un peloton de cavalerie, un canon de montagne (le seul disponible), la piste, très détrempée, ne permet pas le passage de canons sur roues.

Le détachement ne peut se mettre en marche qu'à 10 h. 30 parce que certains des éléments qui le composent ont eu à marcher pendant plus de deux heures pour se rendre au point de concentration.

A 14 heures, la colonne débouche dans la plaine de Sazguine; les officiers aperçoivent à la jumelle trois canons turcs à 819, un autre à 859; ils voient aussi très nettement des éclatements d'obus français au-dessus des batteries kémalistes : tout va donc bien, le convoi résiste toujours.

La petite colonne se déploie pour manœuvrer 859 par l'ouest et se rabattre ensuite sur 819, mais dès qu'elle est aperçue, les Turcs exécutent un mouvement général de repli, les cavaliers vers l'ouest, les fantassins et les canons vers l'est, et, à 16 heures, la colonne de secours fait sa jonction avec le convoi sans avoir brûlé une seule cartouche.

A 18 heures, les deux détachements se mettent en route sur Aïn-Tab, où ils arrivent le 20, à 3 heures, absolument exténués.

Nos pertes sont lourdes : 32 tués; 109 blessés, dont 9 officiers; 193 animaux tués ou blessés; 42 voitures, brisées par les obus ou enlisées, ont dû être abandonnées.

Cette belle et glorieuse lutte d'un millier de soldats français, appuyés par quatre petits canons seulement et rivés à leur convoi, contre 4.000 à 5.000 Turcs ayant la liberté de leurs mouvements et disposant de dix canons, dont plusieurs lourds, fait le plus grand honneur aux braves qui l'ont soutenue et aux chefs qui l'ont conduite. Nous nous faisons un devoir de citer ici le nom du très brillant commandant du convoi : chef de bataillon Knall-Demars, du 19e tirailleurs, malheureusement tué deux mois après au cours d'une autre affaire, et nous terminerons ce récit par l'insertion ci-après du télégramme du commandant en chef l'armée du Levant, adressé au général de Lamothe, commandant la 2e division :

J'adresse mes félicitations chaleureuses aux splendides soldats qui faisaient partie du 19e convoi-navette.

Comme vous le dites très justement dans votre transmission, le rapport émouvant du commandant Knall-Demars n'a pas besoin de commentaires, et les journées des 18 et 19 janvier comptent parmi les plus glorieuses de celles inscrites au journal de marche de la 2e division.

Je vous prie de dire à tous ma profonde gratitude, au commandant Knall-Demars, dont le coup d'œil, le sang-froid, le jugement ont montré qu'il est un vrai chef; aux officiers qui l'ont si bien secondé et à tous les gradés et soldats, dont l'abnégation et la farouche énergie en ont imposé à un ennemi très supérieur en nombre.

Les récompenses attendues seront largement données. Le sacrifice des morts d'Ikis-Kouyou n'aura pas été vain et c'est avec confiance que j'envisage l'avenir.

Situation dans Aïn-Tab turque.

La situation des Turcs dans Aïn-Tab devient plus mauvaise de jour en jour, les vivres font défaut, les soldats ont une ration encore suffisante, mais la population civile n'a presque rien; des déserteurs affirment que des personnes sont mortes de faim. Euz-Démir écrit à Salaheddine bey, commandant l'armée du sud, vers le 20 janvier, pour lui signaler la situation critique de la ville :

Il n'y a plus de vivres, dit-il dans sa lettre, tous les animaux ont été mangés : chameaux, chiens et chats. Trois tonnes de noyaux d'abricots, trouvés dans les magasins, ont été distribués pour l'alimentation, malgré l'avis contraire des médecins. Les habitants meurent de faim et, dans quelques jours, la famine sera complète.

Euz-Démir termine en demandant :

1° Qu'un sérieux effort soit fait pour secourir la ville;

2º L'autorisation d'essayer de percer le blocus pour s'en aller avec ses soldats.

Salaheddine bey répond de tenir encore quelques jours, qu'un gros effort allait être fait pour délivrer la garnison; des hommes et du matériel avaient été réunis dans ce but, mais la neige avait retardé l'exécution des opérations projetées.

Une redoute dans le secteur nord-est d'Aïn-Tab.

Après leurs attaques des 18 et 19 janvier, les Turcs se sont retirés dans leurs cantonnements de Sou-Boghaz, Bédir-Keui, Kara-Heuyuk et Eté-Bey. Le commandant de la 5e division, Kénan bey, se rend à Biredjik le 20 janvier pour conférer avec d'autres chefs militaires au sujet de l'organisation d'une nouvelle offensive sur le blocus français d'Aïn-Tab, ordonné par le quartier général de Diarbékir. Il est décidé, dans cette réunion, de faire appel aux bandes de Tchétés pour soutenir l'effort des troupes régulières.

Démonstration par les chars de combat sur le secteur sud-ouest de la ville (25 janvier).

Le 25 janvier, dès le lever du jour, l'artillerie turque canonne fortement les secteurs nord-ouest et nord-est, en même temps que les crêtes nord se garnissent de fantassins; les pièces ennemies ne tirent pas moins de 420 obus de tous calibres dans la matinée. On s'attend à un assaut pour la nuit prochaine; les secteurs menacés sont, en conséquence, renforcés chacun par une compagnie de voltigeurs et un peloton de mitrailleuses, en même temps qu'est alertée la réserve générale, forte d'un bataillon.

La nuit se passe pourtant bien tranquillement et, les jours suivants, on assiste à des échanges de communications par optique et par fusées entre la ville et les postes d'observations de l'extérieur.

Le 30 janvier, les chars de combat exécutent une petite opération de détail sur la lisière sud de la ville, dans la partie faisant face à nos postes du village kurde; le but est de constater la densité d'occupation des organisations de l'ennemi, de mesurer la vigueur de sa réaction et de l'obliger à une consommation importante de munitions, lesquelles, paraît-il, sont assez réduites actuellement.

L'action est préparée par le 155, appuyée par les batteries de 75 et protégée par des fractions d'infanterie et des sections de mitrailleuses.

Les chars pénètrent facilement dans les retranchements turcs, se promènent sur la Transversale, le long de tranchées recouvertes de dalles de pierre disjointes par l'écartement desquelles les tirailleurs ennemis tirent à bout portant sur les chars.

Les tranchées grouillent de monde, le feu turc est très violent et la fusillade se généralise dans la partie sud de la ville, ainsi que sur toute la longueur de la Transversale.

Les chars continuent leur mission, accompagnés par une pluie de balles turques, font de nombreuses victimes avec leurs mitrailleuses et leurs canons de 37 et rentrent ensuite dans nos lignes où l'on peut compter plus de 400 traces de balles sur un seul appareil.

Le personnel servant est très éprouvé ; le lieutenant commandant la section et cinq mécaniciens sont blessés : deux le sont très grièvement; ils sont aussitôt transportés à l'hôpital où les opérations nécessaires sont pratiquées sans retard.

Nous sommes fixés : l'ennemi est très vigoureux dans sa défense, ses organisations sont très solides et, quant aux munitions, il en possède encore pas mal, quoiqu'on dise.

Affaire du 31 janvier.

Le 31 janvier, à 1 h. 30, la garnison nationaliste de la ville prononce une violente attaque sur le blocus, en direction de la piste de Rum-Kalé, au point de liaison des secteurs nord-ouest et nord-est. L'ennemi de l'extérieur tente en même temps une diversion sur le secteur nord-est, de part et d'autre du col de la route de Nizib.

Les Turcs d'Aïn-Tab se sont massés, à la faveur de la nuit, sur les pentes sud des contreforts situés de part et d'autre de la piste de Rum-Kalé et sur lesquels sont établies nos organisations faisant face à la ville. Au lever de la lune, le contrefort, défendu par une compagnie de tirailleurs, est attaqué et manœuvré par deux forts détachements kémalistes de 200 hommes environ chacun. Le groupe de droite, arrêté par nos feux, se terre, renouvelle ses assauts une dizaine de fois au moins, mais sans plus de succès que la première.

Le groupe de gauche submerge un de nos postes qui vient de perdre son chef et qui, craignant d'être enlevé, se replie sur les emplacements de la réserve de point d'appui : la brèche est ouverte; l'ennemi s'y engouffre aux cris de : « Y Allah! Y Allah! » et poursuit sur le P. C. du commandant de compagnie. Le capitaine prend aussitôt le commandement de la section de réserve, renforcée par le poste qui s'est replié, et part énergiquement en contre-attaque, mais il tombe grièvement blessé; le lieutenant qui commande la section est tué et l'adjudant-chef qui le remplace est, lui aussi, fortement blessé. La contre-attaque ne peut plus avancer et la réserve se replie alors sur son emplacement de combat, où elle tient tête aux Turcs et leur interdit à son tour toute progression.

Ceux-ci glissent alors vers l'ouest, dans le ravin que suit la piste de Rum-Kalé; une centaine d'entre eux parvient à sortir de nos lignes et à s'enfuir vers l'extérieur; les autres sont obligés de rebrousser chemin et de revenir vers la ville, sous la poussée d'une contre-attaque judicieusement déclanchée par le chef du secteur nord-ouest au profit de son voisin.

Dans le secteur nord-ouest, l'unité qui occupe les hauteurs d'Achi-Baba est attaquée elle aussi, mais moins vigoureusement qu'à l'est; elle repousse tous les assauts.

A l'aube, les Turcs occupent toujours la partie du

contrefort qu'ils ont enlevée; d'autres groupes sont dans le ravin de Rum-Kalé. Notre artillerie exécute sur tout ce monde un tir efficace qui permet à la réserve de secteur de contre-attaquer et de rejeter définitivement l'ennemi sur la ville. A 8 heures, toutes les positions abandonnées au cours du combat de nuit sont réoccupées.

L'artillerie turque s'acharne alors avec ses pièces de gros calibre sur les P. C. du collège américain et sur les bâtiments où sont stockés les approvisionnements; elle occasionne des dégâts matériels importants; un obus de 150 allume un incendie dans les sous-sols du collège, un autre met le feu à un dépôt d'essence d'où jaillissent des flammes terrifiantes, pendant qu'une pluie de balles s'abat sur la cour du collège pour empêcher toute circulation et tout déplacement de nos postes.

A 14 heures, tout se tait et, quelques instants après, on aperçoit au loin, vers le nord-est, les colonnes nationalistes qui retraitent sur leurs cantonnements, emmenant avec elles un convoi d'au moins 300 chameaux chargés que les kémalistes espéraient faire rentrer en ville.

L'ennemi de l'extérieur s'est contenté d'agir par le feu, sans prononcer aucune attaque.

Nos pertes sont de : 16 tués, dont 1 officier; 21 blessés, dont 1 officier.

Celles de l'ennemi sont sévères : 37 cadavres sont comptés devant les fronts d'attaque et nous apprendrons quelques jours plus tard, lorsque la ville capitulera, que 102 blessés ont été reçus dans les formations sanitaires turques à la suite du combat du 31 janvier. En outre, 2 prisonniers restent entre nos mains.

Affaire du 6 février.

Le 6 février, le commandant des forces nationalistes de l'extérieur fait connaître à Euz-Démir qu'il se reconnaît impuissant à forcer le blocus français et qu'il faut envisager la capitulation. Il prescrit toutefois à la garnison de faire un dernier effort pour quitter la ville et spécifie que l'essai de sortie devra avoir lieu avant le 7 février, date après laquelle les troupes extérieures ne pourront plus collaborer.

C'est dans la nuit du 6 au 7, vers 24 heures, que se produit la dernière tentative turque sur notre cercle d'investissement. Le lieu d'attaque est le défilé du Sadjour. Pendant que l'artillerie ennemie tire sur nos organisations au nord et au sud de ce point, un fort groupe, sorti de la ville, essaie de percer par la vallée. Repoussé par les mitrailleuses de la compagnie coloniale qui occupe la position, il se rabat plus au sud où il parvient à déloger un de nos postes; une contre attaque rétablit la situation, mais, dans l'intervalle, une centaine d'assaillants a pu s'échapper vers l'extérieur.

Une autre tentative, exécutée à l'ouest de la maison du Cheick, est arrêtée net par nos feux et les exécutants rebroussent vers la ville.

Le 7 février, à 3 heures, l'ennemi de l'extérieur déclanche une vive fusillade sur nos positions au nord du Sadjour; ce sont des détachements venant d'Ouroum-Evlik que les barrages de notre artillerie tiennent bien vite à distance de nos organisations.

Au lever du jour, tout rentre dans le calme et, cette fois encore, on aperçoit en direction de Nurghane un convoi de mulets chargés de vivres que l'on espérait faire rentrer en ville et qui rebrousse chemin vers Nizib.

La journée du 7 se passe sans incident; vers 20 heures, notre artillerie exécute, avec toutes ses pièces, un tir de surprise, violent et rapide, sur les retranchements turcs; notre adversaire y répond par une fusillade nourrie qui dure plusieurs heures.

Capitulation de la ville.

Le 8 février, à 10 heures, deux parlementaires turcs porteurs d'un drapeau blanc se présentent devant nos postes du village kurde; ils sont conduits au P. C. français où ils remettent la lettre suivante :

A Monsieur le Colonel commandant les troupes françaises à Aïn-Tab.

Excellence,

Nous vous prions de nous indiquer l'heure et l'endroit où nous pourrions nous présenter pour délibérer et déterminer les conditions de soumission de la ville. Nous vous prions aussi de nous envoyer à la barricade de Kozanli les gardes nécessaires pour nous accompagner chez vous et de donner des ordres pour la suspension des hostilités jusqu'à la fin des délibérations.

(Suivent les signatures de six délégués composant le gouvernement provisoire.)

On demande aux parlementaires ce que sont devenus le mutessarif et le commandant des troupes nationalistes, Euz-Démir. Ils répondent qu'ils ont pris la fuite, mais que le comité nationaliste est toujours à Aïn-Tab et que nous pouvons lui adresser notre réponse.

Réponse :

A Monsieur le Président du comité nationaliste d'Aïn-Tab.

Excellence,

Une délégation de la population turque s'est présentée ce matin, à 10 heures, à l'état-major français, apportant des propositions pour la reddition de la ville.

Entrée dans Aïn-Tab du général de Lamothe, commandant la 2e division.

Les autorités turques, dAïn-Tab se présentent au général de Lamothe.

Nous avons l'honneur de vous informer que les délégués désignés pour examiner les conditions de soumission seront reçus aujourd'hui, 8 février, à 15 heures (heure française). Ils se présenteront à la barricade de Kozanli, où ils seront reçus par un officier de l'état-major et accompagnés ensuite par un détachement de troupe jusqu'au poste de commandement français.

Il serait désirable que les délégués aient pleins pouvoirs pour accepter, au nom du comité nationaliste et au nom de la population, les conditions de soumission.

Des ordres sont donnés pour que les hostilités soient suspendues dès l'apparition du drapeau blanc à côté du drapeau turc placé sur la citadelle.

(Suivent les signatures du commandant des troupes et du commandant de la zone.)

A l'heure convenue, la délégation turque, composée de six membres, avec, comme président, le docteur Medjid, parlant français, se présente à la barricade de Kozanli; reçue par un capitaine, elle est aussitôt conduite au P. C. de la zone.

Le président nous explique qu'il y a eu révolution en ville turque; le comité nationaliste n'a plus aucun pouvoir, le colonel Euz-Démir est parti et a pu franchir les lignes d'investissement; les autres officiers n'ont plus d'autorité; c'est la population qui reste maîtresse de ses destinées et ce sont ses délégués qui se présentent pour traiter. Le docteur Medjid présente une attestation donnant pleins pouvoirs aux délégués et signée par les notables et chefs de quartier.

Les conditions de soumission, examinées une à une, sont toutes acceptées dans cette seule séance qui prend fin vers 18 heures. La délégation demande qu'avant de les signer il lui soit permis de les porter à la connaissance de la population; il est fait droit à sa requête et le lendemain, 9 février, à 10 heures, le procès-verbal de reddition de la ville est signé des deux parties.

ARMÉE DU LEVANT.

—

2e DIVISION
Zone d'Aïn-Tab.

—

Procès-verbal de reddition de la ville d'Aïn-Tab aux autorités militaires françaises.

Les membres soussignés du gouvernement provisoire de la ville d'Aïn-Tab, élus par la population et ayant pleins pouvoirs de cette dernière, déclarent faire leur soumission à l'autorité française et accepter les conditions suivantes :

1° Soumission entière de la ville et reconnaissance formelle du mandat français sur le sandjak d'Aïn-Tab, accordé par le traité de paix signé à Sèvres le 10 août 1920.

2° Les troupes régulières et la gendarmerie turque sont prisonnières de guerre, mais seront relâchées avec les honneurs de la guerre, en emportant leurs armes, dès que tous les prisonniers français actuellement entre les mains des kémalistes auront été rendus.

Toutefois, les réguliers et irréguliers originaires d'Aïn-Tab et y ayant leur habitation seront laissés en liberté après examen de leur identité.

Il est bien entendu que les honneurs de la guerre ne seront accordés que si la troupe régulière est avec ses chefs, autrement dit si elle est constituée en unités encadrées.

3° Remise aux autorités françaises des fusils, mitrailleuses, canons et munitions de toutes sortes. Aucune perquisition ne sera faite en ville turque à la condition que toutes les armes et munitions soient rendues.

Si l'autorité française soupçonnait que des armes ont été cachées, des perquisitions pourraient être effectuées en présence des autorités turques.

Si des armes, de quelque nature que ce soit, étaient trouvées après la date du 20 février, des sanctions sévères seront prises contre les détenteurs. Les officiers turcs conserveront leurs armes.

4° Destruction immédiate des fortifications et barricades élevées en ville turque. Le travail devra être terminé le 20 février pour les fortifications importantes désignées par les autorités françaises, et le 28 février pour toutes les autres.

5° Il ne sera pas infligé d'amende de guerre. Les réparations et dommages seront fixés ultérieurement par des commissions mixtes.

6° Occupation par les troupes françaises de tous les points de la ville jugés nécessaires pour assurer le maintien de l'ordre et la maîtrise de la ville : citadelle, région du Konak, crête de Kurd-Tépé et les issues.

Aucun Arménien armé ne pénétrera en ville turque. Aucun Turc armé ne pénétrera en ville arménienne.

7° Reconstitution de l'administration turque qui sera exercée sous le contrôle français par des fonctionnaires turcs désignés par l'autorité française.

8° Création d'une force de gendarmerie et de police chargée du maintien de l'ordre dans la ville et dans les environs immédiats.

9° Si les conditions ci-dessus n'étaient pas exécutées strictement, des amendes en livres or seront infligées à la ville, des arrestations de notables pourront être opérées et le ravitaillement sera suspendu.

10° Amnistie pour les chefs nationalistes et agitateurs originaires d'Aïn-Tab et habitant actuellement la ville.

Respect absolu des personnes, des propriétés et des religions.

11° Ces conditions commenceront à entrer en application à la date de la signature, aujourd'hui, 9 février 1921.

Le lieutenant-colonel commandant
les troupes françaises,
ANDRÉA.

Le gouverneur provisoire d'Aïn-Tab,
Docteur MEDJID.

Le lieutenant-colonel commandant
la zone d'Aïn-Tab.
ABADIE.

L'interprète du sandjack d'Aïn-Tab,
MEDGIDDINE.

Le chef religieux, EAKHTIDDINE.

Les notables, docteur IBRAHIM, NOURY bey, KIAMEL-KULEKDGI

× ×

Ainsi se termine une lutte longue de six mois qui, à certains moments, a donné de sérieuses inquiétudes au commandement. Le succès est dû à nos braves soldats, français et indigènes, qui, comme leurs anciens du front français, ont supporté les plus grandes privations, les plus grosses fatigues et se sont battus avec tout leur cœur et toute leur énergie pour le triomphe de la cause française.

Admirables soldats, encadrés par des sous-officiers et des officiers ayant tous fait la guerre en France; ces derniers ont continué à se battre au Levant sans s'être reposés après l'armistice du front français et sans cependant avoir montré la moindre lassitude morale.

La bravoure et le dévouement des uns et des autres méritent entièrement les éloges qui leur ont été adressés par les autorités et que nous nous faisons un devoir de reproduire ci-après :

1o Félicitations du général de Lamothe, commandant la 2e division.

La ville d'Aïn-Tab a capitulé le 9 février.

Ce brillant succès couronne les magnifiques et incessants efforts de six longs mois des vaillantes et inlassables troupes qui, tour à tour, sans repos, montaient la garde sur les hauteurs dominant la ville, faisaient la navette de Sadjour à Aïn-Tab, couraient au devant de l'ennemi de l'extérieur pour le refouler, soit sur Marache, soit sur l'Euphrate.

L'armée du Levant tout entière est pleine d'admiration pour les braves qui ont préparé cette action et n'ont jamais douté, même dans les moments critiques, du succès final.

La France avait les yeux fixés sur eux; elle n'en attendait pas moins de ses soldats.

Le général commandant la division est fier de commander à d'aussi belles troupes, dignes de celles de la Grande Guerre.

Aux marsouins, aux tirailleurs algériens, tunisiens, sénégalais, qui, de leurs poitrines et de leurs baïonnettes, ont formé autour de la cité une barrière infranchissable sur laquelle, chaque fois, sont venus se briser les assauts nombreux et furieux d'un ennemi fanatique;

Aux artilleurs, spahis, sapeurs, équipages de chars qui ont su admirablement seconder leurs camarades fantassins;

Aux conducteurs du train qui ont accompli modestement, mais si vaillamment, leur métier parfois ingrat;

Aux officiers et gradés de toutes armes qui ont su maintenir dans leurs unités, même aux jours les plus sombres, un moral inébranlable,

Le général adresse ses remerciements émus et ses plus chaleureuses félicitations.

Le sacrifice de ceux qui sont tombés, tant à Aïn-Tab que sur les hauteurs environnantes et dans la vallée du Sadjour, n'a pas été vain; il a vivifié dans le cœur de leurs frères d'armes les plus belles vertus guerrières : courage, énergie, ténacité, esprit de sacrifice, volonté de vaincre, qui leur ont donné le succès.

2° Félicitations du général Garnier-Duplessis, commandant provisoirement en chef l'armée du Levant.

Aïn-Tab a capitulé le 9 février.

Le général en chef est heureux de porter à la connaissance de l'armée cet important succès qui est le couronnement des magnifiques efforts déployés depuis six mois par les troupes d'investissement.

Malgré l'acharnement de la défense et les tentatives désespérées des forces kémalistes, venues d'Anatolie et de l'est pour rompre nos lignes, ou enlever nos convois, la garnison d'Aïn-Tab est aujourd'hui prisonnière de guerre, la ville a fait sa soumission et reconnu formellement le mandat de la France.

C'est un rude coup porté aux kémalistes pour qui la résistance d'Aïn-Tab était devenue comme le symbole de leur refus de se soumettre aux décisions de l'Entente.

Aux belles et vaillantes troupes de la colonne d'Aïn-Tab, le général commandant en chef exprime sa profonde gratitude et adresse ses chaleureuses félicitations. Elles ont maintenu très haut, dans ce lointain pays, le prestige de la France victorieuse; elles ont imposé leur volonté à leurs rudes adversaires malgré les fatigues, les privations, les rigueurs du climat et l'infériorité du nombre. Leur bravoure et leur ténacité n'ont d'égales que leur abnégation et leur esprit du devoir.

Fantassins, artilleurs, cavaliers, sapeurs, aviateurs, chars d'assaut et services ont rivalisé d'efforts dans cette lutte opiniâtre.

Tous ont part à l'honneur.

3° Télégramme de félicitations du Ministre de la guerre.

Je vous prie, au nom du gouvernement, de transmettre vives félicitations pour le succès dû à leur endurance et à leur bravoure, en dépit des rigueurs du climat et des attaques de l'ennemi, aux troupes qui ont pris part aux opérations d'Aïn-Tab et aux chefs qui les ont dirigées d'une façon si brillante.

Nota. — A la suite de ce télégramme, le général Gouraud, haut-commissaire de la République en Syrie et commandant en chef l'armée du Levant, retenu en France, joignait ses félicitations personnelles à ses braves troupes.

Et nous terminerons par l'extrait ci-après du rapport de quinzaine du général de Lamothe, commandant la 2e division du Levant :

Aïn-Tab a capitulé le 9 février.

Devant cet événement, tous les autres s'estompent et passent au second plan.

La lutte a été acharnée, parfois angoissante.

La colonne d'Aïn-Tab, dont l'effectif maximum n'a jamais dépassé 6.000 rationnaires, devait, avec ses seuls moyens, constituer et garder, face à l'ennemi extérieur et face à l'ennemi intérieur, des lignes d'investissement d'un développement de plus de 20 kilomètres.

Elle devait, en même temps, assurer à deux étapes son ravitaillement et ouvrir la route à ses convois par des combats, dont certains — celui du 19 janvier par exemple — ont pris des proportions de vraies batailles.

Du commencement à la fin, nos soldats ont été merveilleux de bravoure, d'entrain et de confiance.

Ils ont remporté une belle victoire et ils peuvent inscrire fièrement le nom d'Aïn-Tab sur leurs drapeaux et leurs étendards.

TABLE DES MATIÈRES

Pages.

CHAPITRE IX.

CHAPITRE X.

Période du 8 septembre au 20 novembre 1920.

CHAPITRE XI.

CHAPITRE XII.

CHAPITRE XIII.

CHARLES-LAVAUZELLE ET Cie. — PARIS, LIMOGES, NANCY.

www.ingramcontent.com/pod-product-compliance
Ingram Content Group UK Ltd.
Pitfield, Milton Keynes, MK11 3LW, UK
UKHW021135260726
13994UKWH00001B/154